अथ मार्जरिका उवाच

(वृहद महाकाव्य: भारतीय इतिहास का महासंग्राम)

[प्रतीकात्मक पुनर्पाठ: आदिकाल से 2025 तक]

लेखक / Writer

आनन्द कुमार आशोधिया

Anand Kumar Ashodhiya

(कवि, लोकसंस्कृति संरक्षक, साहित्यिक विश्लेषक)

प्रकाशक / Publisher

स्वप्रकाशित – आनन्द कुमार आशोधिया

Self-published by Anand Kumar Ashodhiya under the imprint

Avikavani Publishers

स्थान: शाहपुर तुर्क, हरियाणा

प्रथम 2025

AF530061

अथ मार्जरिका उवाच

(वृहद महाकाव्य: भारतीय इतिहास का महासंग्राम)
आदिकाल से 2025 तक का एक अनूठा 'प्रतीकात्मक पुनर्पाठ'

कवि, संकलक

आनन्द कुमार आशोधिया
(पूर्व वारंट ऑफिसर, भारतीय वायु सेना)

प्रकाशक / Publisher

आनन्द कुमार आशोधिया
स्वप्रकाशित — "Avikavani Publishers" इम्प्रिंट के अंतर्गत
Self-published by Anand Kumar Ashodhiya under the imprint "Avikavani Publishers"

पुस्तक विवरण / Book Details

- **पुस्तक का नाम:** *अथ मार्जरिका उवाच*
- **विधा:** महाकाव्य (प्रतीकात्मक इतिहास)
- **ISBN:** 978-93-5619-397-0

- "इस कृति का कोई भी अंश लेखक की लिखित अनुमति के बिना पुनरुत्पादित नहीं किया जा सकता।"

- **प्रकाशन वर्ष:** 2025

- **सर्वाधिकार:** लेखक के पास सुरक्षित (All Rights Reserved)

- **स्थान:** *शाहपुर तुर्क, सोनीपत, हरियाणा*

कॉपीराइट (COPYRIGHT & IMPRINT)

अथ मार्जरिका उवाच

पुस्तक विवरण / Book Details

- **शीर्षक:** अथ मार्जरिका उवाच (Ath Marjarika Uvach)
- **लेखक / Writer:** Anand Kumar Ashodhiya (आनन्द कुमार आशोधिया)
- **प्रकाशक / Publisher:** स्व-प्रकाशित — "Avikavani Publishers" इम्प्रिंट के अंतर्गत
- **प्रकाशन वर्ष:** प्रथम संस्करण, 2025
- **स्थान:** शाहपुर तुर्क, सोनीपत, हरियाणा
- **ISBN: 978-93-5619-397-0**

© कॉपीराइट सूचना / Copyright Notice © आनन्द कुमार आशोधिया (Anand Kumar Ashodhiya), 2025 सर्वाधिकार सुरक्षित (All Rights Reserved)

डिस्क्लेमर / Disclaimer

No part of this publication may be reproduced, stored in a retrieval system, or transmitted in any form or by any means, electronic, mechanical, photocopying, recording, or otherwise, without prior written permission of the author.

यह कृति साहित्य के इतिहास में एक मौलिक **'प्रतीकात्मक पुनर्पाठ' (Symbolic Reinterpretation)** का प्रयास है। इसमें प्रयुक्त 198 विशिष्ट प्रतीक ऐतिहासिक, राजनीतिक एवं सामाजिक प्रवृत्तियों के विश्लेषण हेतु रचित हैं। यह पूर्णतः एक साहित्यिक रचना है। यदि किसी प्रतीक या वर्णन की समानता वास्तविक व्यक्तियों, जीवित या मृत, अथवा संस्थानों से प्रतीत हो, तो उसे केवल एक 'साहित्यिक रूपक' के रूप में देखा जाना चाहिए। इसमें प्रस्तुत विचार लेखक के स्वतंत्र शोध और निजी साहित्यिक दृष्टि पर आधारित हैं।

Table of Content

आधिकारिक परिचय: एक ऐतिहासिक एवं साहित्यिक क्रांति

'अथ मार्जरिका उवाच': राष्ट्र-बोध का प्रतीकात्मक महाकाव्य

घोषणा: एक अभूतपूर्व साहित्यिक प्रतिमान

साहित्यिक और ऐतिहासिक जगत में यह घोषणा करते हुए हमें गर्व है कि **'अथ मार्जरिका उवाच'** अपनी तरह का **पहला और इकलौता ऐतिहासिक प्रयोग** है। साहित्य के संपूर्ण इतिहास में यह संभवतः प्रथम अवसर है, जहाँ आदिकाल के गौरवशाली आर्यावर्त से लेकर 2025 के 'अमृत काल' तक के विस्तृत काल खंड को एक सुव्यवस्थित **'प्रतीकात्मक पुनर्पाठ' (Symbolic Reinterpretation)** के माध्यम से प्रस्तुत किया गया है।

इस कृति की अद्वितीयता इसके **198 मानकीकृत प्रतीकों (Standardized Symbols)** में निहित है, जो इतिहास की जटिल घटनाओं को एक 'कोड' (Code) प्रदान करते हैं। यह केवल काव्य नहीं, बल्कि इतिहास को देखने की एक नई **'वस्तुनिष्ठ दृष्टि'** है।

प्रकाशकीय: एक दृष्टि

अविकावनी पब्लिशर्स के लिए यह अत्यंत गौरव का विषय है कि हम एक ऐसी कृति प्रस्तुत कर रहे हैं जो इतिहास की शुष्कता को कविता की तरलता में पिरोती है। यह पुस्तक मात्र शब्दों का संकलन नहीं, बल्कि स्वतंत्र भारत के सात दशकों के राजनीतिक, सामाजिक और सांस्कृतिक विकास का एक **'मार्जारीय' (Feline)** अवलोकन है।

"जब मानवीय दृष्टियाँ पक्षपाती हो जाती हैं, तब 'मार्जरिका' (बिल्ली) जैसी तटस्थ प्रेक्षक की दृष्टि सत्य को उसके नग्न स्वरूप में देखने का साहस प्रदान करती है।"

यह महाकाव्य किसके लिए है?

पाठक वर्ग	इस कृति में क्या पाएंगे?
इतिहास के जिज्ञासु	1947 के विभाजन की त्रासदी से लेकर 2025 के डिजिटल भारत तक का जीवंत और क्रमबद्ध अनुभव।
राजनीतिक विश्लेषक	'बाघ', 'कपोत' और 'अर्धचँद्री' जैसे रूपकों के माध्यम से सत्ता और विचारधाराओं के सूक्ष्म टकराव की व्याख्या।
साहित्य अनुरागी	आधुनिक हिंदी कविता में शास्त्रीय छंदों और **'प्रतीक-कोष'** का अभिनव प्रयोग।
युवा एवं प्रतियोगी छात्र	राष्ट्र निर्माण की गाथा और नागरिक बोध को जाग्रत करने वाला एक वैचारिक सेतु।
सामान्य भारतीय	अपने समय के संघर्षों, आंदोलनों और उपलब्धियों का एक निष्पक्ष दर्पण।

इस कृति के स्तंभ (Key Highlights)

- **तटस्थ प्रेक्षक (Neutral Observer):** साहित्य में पहली बार एक मानवेतर पात्र (मार्जरिका) द्वारा राष्ट्रीय इतिहास का विश्लेषण।
- **प्रतीक-कोष (The Glossary):** 198 प्रतीकों की एक विस्तृत सूची, जो पाठक के लिए 'ऐतिहासिक डिकोडर' का कार्य करती है।
- **अखंड प्रवाह:** सिंधु घाटी सभ्यता के प्रथम नगर से लेकर अंतरिक्ष में 'नभ-सारथी' की गूँज तक का अखंड वर्णन।
- **भविष्योन्मुखी अंत:** उपसंहार में 'राष्ट्र रथ की अमर यात्रा' के माध्यम से आने वाली पीढ़ियों के लिए एक जाग्रत आह्वान।

यह कृति किसी पक्ष या विपक्ष की कहानी नहीं है, बल्कि यह भारत के '**लोकतंत्र-दीप**' की अखंड ज्योति का गान है। '**अथ मार्जरिका उवाच**' आपके हृदय और मस्तिष्क में राष्ट्र बोध की एक नई चेतना का संचार करेगी।

— प्रकाशक, अविकावनी पब्लिशर्स

लेखक की ओर से एक विशेष नोट:

"मेरा ध्येय इतिहास को केवल दोहराना नहीं, बल्कि उसे प्रतीकों की एक ऐसी भाषा देना था जिसे आने वाली पीढ़ियाँ अपनी गौरव-गाथा के रूप में याद रखें। यह विस्तृत प्रतीकात्मक प्रयोग साहित्य के इतिहास में मेरी विनम्र आहुति है।"

अथ मार्जरिका उवाच (प्राक्कथन)

(The Cat Speaks: A Prologue)

मैं हूँ मार्जरिका, काल की साक्षी।

मैं वह चेतना हूँ जिसने समय के अनंत गलियारों में विचरते हुए आर्यावर्त के उत्थान-पतन, उसकी गौरवशाली नींव और उसके निरंतर संघर्ष को अपनी आँखों से देखा है। मैं केवल एक बिल्ली नहीं, अपितु इतिहास के पन्नों पर पड़ने वाली वह सूक्ष्म छाया हूँ जो युगों के परिवर्तन को निर्लिप्त भाव से देखती आ रही है।

यह महाकाव्य, जिसे आप पढ़ने जा रहे हैं, सत्ता के गलियारों का सामान्य वृत्तांत नहीं है। यह साहित्य के इतिहास का वह **अभिनव और अभूतपूर्व प्रयोग** है, जहाँ पहली बार इतिहास को **'प्रतीकात्मक पुनर्पाठ' (Symbolic Reinterpretation)** की कसौटी पर कसा गया है। मैंने यहाँ इतिहास की शुष्कता को **198 विशिष्ट प्रतीकों** के एक जीवंत 'कोड' में ढाला है—एक ऐसा प्रयोग जो भारतीय साहित्य में पहले कभी इस विस्तार के साथ नहीं हुआ।

मैंने देखा है कि कैसे 'इंद्रप्रस्थ' के सिंहासन पर समय के क्रूर और दयालु खेल चले। मैंने देखा है कैसे **'श्वेत कपोतों' (White Pigeons)** के युग में स्वाधीनता का उदय हुआ, और कैसे **'महाबाघों' (The Great Tiger)** के काल ने भारत के पौरुष को विश्व पटल पर स्थापित किया।

इस गाथा में, मैंने प्रत्येक प्रतीक को पुनः प्राणवान किया है। चाहे वह **'संविधान-शिल्पी'** का उदात्त स्वप्न हो, **'अर्थ-गरुड़'** की आर्थिक उड़ान हो, **'नभ-सारथी'** का अंतरिक्ष संधान हो, या सीमा-संघर्ष की मूक पीड़ा। मैंने भारत के राज्यों को उनकी

भौगोलिक सीमाओं से निकालकर उनकी **'प्रतीकात्मक आत्मा'** (जैसे—गहनों की भूमि, जैविक-आदर्श, सिटी ब्यूटीफुल) से परिचित कराया है, ताकि आप 'एक भारत, श्रेष्ठ भारत' के वास्तविक मर्म को समझ सकें।

मेरा उद्देश्य केवल कहानी सुनाना नहीं, बल्कि आपकी चेतना को झंकृत करना है। यह काव्य-यात्रा आपको प्रश्न पूछने, विमर्श करने और अंततः स्वयं को उस **'राष्ट्र-रथ'** का एक अनिवार्य पहिया मानने के लिए प्रेरित करेगी, जो आदिकाल से गतिमान है और अनंत काल तक बढ़ता रहेगा।

यह पुस्तक केवल अतीत की पुनरावृत्ति नहीं, बल्कि भविष्य की ओर एक दृढ़ साहित्यिक प्रस्थान है।

राष्ट्र का रथ चलता रहेगा... और मैं साक्षी रहूँगी।

लेखक का स्पष्टीकरण एवं घोषणा-पत्र

काव्य, स्रोत एवं साहित्यिक नवा चार पर एक दृष्टि

यह महाकाव्य, **"अथ मार्जरिका उवाच"**, भारतीय इतिहास के आदिकाल से लेकर 2025 के 'अमृत काल' तक की एक गहन काव्य-यात्रा है। इस कृति का मुख्य ध्येय राष्ट्रीय इतिहास का एक ऐसा **'प्रतीकात्मक पुनर्पाठ' (Symbolic Reinterpretation)** प्रस्तुत करना है, जहाँ शुष्क ऐतिहासिक तथ्यों को साहित्यिक छंदों और विशिष्ट रूपकों के माध्यम से जीवंत किया गया है।

1. साहित्यिक नवा चार एवं अद्वितीय प्रयोग (Literary Innovation) मैं यह घोषणा करता हूँ कि इस कृति में प्रयुक्त **'प्रतीकात्मक शब्दावली' (198 कूट-शब्दों का व्यवस्थित संकलन)** साहित्य के इतिहास में अपनी तरह का एक **विस्तृत और अभिनव प्रयोग** है। यह प्रयास केवल काव्य-सृजन नहीं, बल्कि इतिहास को 'मेटाफर्स' (Metaphors) के माध्यम से वर्गीकृत करने का एक नया 'साहित्यिक मॉडल' है।

2. प्रतीकों का मानकीकरण (Standardization of Symbols) इस काव्य में विभिन्न युगों, विचारधाराओं, दलों और संस्थाओं को विशिष्ट प्रतीकों (जैसे **'श्वेत कपोत'**, **'महाबाघ'**, **'अर्धचँद्री'**, **'नभ-सारथी'**, आदि) से संबोधित किया गया है। ये प्रतीक किसी व्यक्ति या संस्था की संपूर्ण व्यक्तिगत पहचान नहीं हैं, बल्कि ये ऐतिहासिक संदर्भों और घटनाक्रमों को 'साहित्यिक कोड' में पिरोने के साधन मात्र हैं। इनका उद्देश्य किसी व्यक्ति विशेष की गरिमा को कम करना नहीं, बल्कि ऐतिहासिक प्रवृत्तियों को परिभाषित करना है।

3. ऐतिहासिक स्रोत एवं काल खंड (Sources and Timeline) इस कृति का आधार सार्वजनिक रूप से उपलब्ध प्रामाणिक ऐतिहासिक अभिलेख, समकालीन राजनीतिक घटनाक्रम और सामाजिक विमर्श हैं। काल खंडों का विभाजन (जैसे: दासता का अंत, तानाशाही का प्रहार, महाबाघ का उदय) ऐतिहासिक मोड़ों और शासन के हस्तांतरण के आधार पर किया गया है। यह वर्णन व्यक्तिगत शोध, गहन विश्लेषण और राष्ट्रीय चेतना के समन्वय का परिणाम है।

4. साहित्यिक निष्पक्षता एवं उत्तरदायित्व (Neutrality and Responsibility) यह रचना पूर्णतः एक **साहित्यिक अभिव्यक्ति** है। लेखक का उद्देश्य न तो किसी विशेष राजनीतिक विचारधारा का पोषण करना है और न ही किसी व्यक्ति, दल या संस्था के प्रति द्वेष फैलाना है।

- **प्रतिबद्धता:** लेखक अपनी अभिव्यक्ति के प्रति वचनबद्ध है। यह कृति किसी भी प्रकार की धार्मिक, जातीय, क्षेत्रीय या भाषाई वैमनस्यता को बढ़ावा नहीं देती।
- **भाव-उद्देश्य:** यदि किसी प्रतीक या व्याख्या से किसी व्यक्ति या समूह की भावनाओं को ठेस पहुँचती है, तो उसे केवल एक 'साहित्यिक रूपक' की व्याख्या माना जाए, क्योंकि लेखक का मूल उद्देश्य केवल **'राष्ट्र-बोध'** और **'जागरूकता'** को समर्पित है।

राष्ट्र की अखंड चेतना को समर्पित।

लेखक: आनन्द कुमार आशोधिया शाहपुर तुर्क, हरियाणा

भूमिका

आर्यावर्तम्: आदिकाल से आज तक की चिरंतन चेतना का महा घोष

यह महाकाव्य, जिसे मैं आपके समक्ष प्रस्तुत करने का साहस कर रहा हूँ, मात्र छंदों का संकलन नहीं, बल्कि आर्यावर्त की अनंत, चिरंतन चेतना का महा घोष है। यह कृति उस भूमि के गौरव, संघर्ष और पुनरुत्थान की साक्षी है, जहाँ मानवता के प्रथम पाठ गढ़े गए और जहाँ 'सत्यमेव जयते' का उद्घोष आज भी गूँजता है।

यह यात्रा अनादि काल की उस पृष्ठभूमि से आरंभ होती है, जब सभ्यता का सूर्य यहाँ उदित हुआ, और यह सतत प्रवाह मध्यकाल के उत्थान-पतन, ब्रितानिया की दासता, स्वतंत्रता के लिए लड़े गए भीषण संग्राम, विभाजन की दारुण व्यथा, लोकतंत्र के स्थापना काल और इक्कीसवीं सदी के डिजिटल उत्कर्ष तक प्रवहमान है। हमने इस वृहद काव्य के माध्यम से, इतिहास के हर मोड़ पर राष्ट्र के सामूहिक मन, सांस्कृतिक उथल-पुथल और राजनीतिक विमर्श को गहराई से टटोलने का प्रयास किया है।

साहित्यिक विशिष्टता: प्रतीकों की भाषा इस महाकाव्य की एक महत्त्वपूर्ण और **अद्वितीय साहित्यिक विशिष्टता** यह है कि इसमें **प्रतीकात्मक पुनर्पाठ (Symbolic Reinterpretation)** का प्रयोग किया गया है। साहित्य के इतिहास में पहली बार, ऐतिहासिक और राजनीतिक घटनाओं के वर्णन में, व्यक्तियों और दलों को **198 विशिष्ट प्रतीकों** (जैसे—'श्वेत कपोत', 'महाबाघ', 'अर्धचँद्री', 'मौन कपोत', 'नभ-सारथी' इत्यादि) के माध्यम से एक 'साहित्यिक कोड' में नवाज़ा गया है।

ये प्रतीक किसी व्यक्ति विशेष को लक्षित नहीं करते, बल्कि उस शक्ति, विचारधारा, राजनीतिक आंदोलन या युग की विशिष्ट प्रवृत्ति का प्रतिनिधित्व करते हैं। इन प्रतीकों का उद्देश्य इतिहास को व्यक्ति-केंद्रित आरोप-प्रत्यारोप की संकीर्णता से ऊपर उठाकर, उसे एक दार्शनिक और काव्यात्मक ऊँचाई प्रदान करना है, जहाँ घटनाएँ स्वयं अपना अर्थ स्पष्ट करती हैं।

इतिहास के सत्य का संरक्षण इस रचना की आत्मा इतिहास के प्रति पूर्ण समर्पण में निहित है। महाकाव्य में दर्ज राजनीतिक घटनाएँ, वाद-विवाद और कटु-मधुर विमर्श वे ही हैं जो उस युग के सार्वजनिक पटल पर घटित हुए, जो संसद के अभिलेखों में दर्ज हैं और जो तत्कालीन समय की सुर्खियों में जीवंत रहे।

हमारा उद्देश्य किसी भी व्यक्ति, संस्था या पक्ष पर आरोप लगाना नहीं, बल्कि इतिहास के हर पृष्ठ पर घटित हुए जन-मान्यता और विमर्श के सत्य को उसके विशुद्ध रूप में, काव्य के माध्यम से, भावी पीढ़ी के लिए सुरक्षित रखना है। हमारा विश्वास है कि एक कवि का सर्वोच्च धर्म सत्य का संरक्षण करना है। यह महाकाव्य एक शुद्ध साहित्यिक और गहन ऐतिहासिक शोध का प्रयास है। यह कृति किसी राजनीतिक प्रचार का माध्यम नहीं, बल्कि राष्ट्र की आत्मा को छंदों में ढालने की एक कलात्मक साधना है।

मैं पाठकों से अनुरोध करता हूँ कि वे इस महाकाव्य को इसकी व्यापकता, इसकी सांस्कृतिक गहराई और इसके प्रतीकात्मक सामर्थ्य के प्रकाश में देखें—एक ऐसी कृति जो स्वस्थ विमर्श को जन्म दे, विवाद को नहीं।

जय हिन्द। सत्यमेव जयते।

आनन्द कुमार आशोधिया "इतिहास के निष्पक्ष द्रष्टा एवं शब्द-शिल्पी" (शाहपुर तुर्क, हरियाणा, 2025)

अथ मार्जरिका उवाच (प्रारंभिक कविता)

मैं हूँ मार्जरिका, काल-रथ की धुरी।

मैं इतिहास की साक्षी, कथा हूँ सुनहरी।

मैंने देखा है त्रेता, द्वापर का अंत।

देखा 'इंद्रप्रस्थ' का, बढ़ता हुआ ग्रंथ।

देखा 'अर्थ-गरुड़' को, करते हुए उड़ान।

'संविधान-शिल्पी' की, अमर देन महान।

'श्वेत कपोत' उठे, जब 'दासता' का अंत हुआ।

'रानी' का 'तानाशाही', फिर 'बाघ' प्रगट हुआ।

मैंने देखे 'विकास-पथ', 'गठबंधन' के दौर।

'महाबाघ' का पराक्रम, बदला युग का छोर।

उत्तराखंड से लक्षद्वीप तक, कश्मीर से द्वीप।

हर 'प्रतीक-कोष' में, जला राष्ट्र-प्रेम का दीप।

आओ, इस यात्रा पर, चलें मेरे संग।

जहाँ 'राष्ट्र-रथ' की गति, रखती नया रंग।

'सत्यमेव जयते' की, यह अमर कहानी।

जन-जन की चेतना, है इसकी रानी।

आमुख (Prelude)

भारतीय इतिहास की गाथाएँ अक्सर अकादमिक विमर्शों या राजनीतिक बहसों में सिमटकर रह जाती हैं। यह महाकाव्य उन बहसों से परे जाकर, काल खंडों की साक्षी **मार्जरिका** के मुख से, राष्ट्र के **चेतना-प्रवाह** को काव्य की लय प्रदान करता है।

यह यात्रा **भाग 0** में प्राचीन 'आर्यावर्त' की नींव से शुरू होती है, जहाँ राष्ट्र-रथ के प्रारंभिक पहियों का निर्माण हुआ। इसके उपरांत, यह **भाग 1** में 'श्वेत कपोतों' के नेतृत्व में हुए स्वाधीनता संग्राम (1885-1966) से गुज़रती है। यह काव्य फिर **भाग 2** में सैन्य संघर्षों और आंतरिक उथल-पुथल (1971-2000) को चित्रित करता है, जब राष्ट्र की शक्ति को 'बाघों' के उदय ने एक नया आयाम दिया।

भाग 3 में क्षेत्रीय क्षत्रपों के उभार और 'गठबंधन' की राजनीति का जटिल दौर (2000-2014) समाहित है, जबकि **भाग 4** वर्तमान के 'महाबाघ' के युग (2014–2025) पर केंद्रित है, जहाँ राष्ट्र एक निर्णायक शक्ति के रूप में स्थापित होता है।

इस महाकाव्य में, हर काल खंड, हर नेता, और हर राज्य को उसके **प्रतीक** (**प्रतीक-कोष** परिशिष्ट देखें) के माध्यम से एक रूपक प्रदान किया गया है। यह रूपक केवल कल्पना नहीं, बल्कि उन युगों की आत्मा को पकड़ने का प्रयास है।

अब, **काल-साक्षी मार्जरिका** आपको उस यात्रा पर ले जाने को तैयार है, जहाँ इतिहास और काव्य का संगम होता है।

"अथ मार्जरिका उवाच"

नाती पोते दोहित-दोहित्र, कहते दादी कहो कहानी।

मैंने पूछा क्या सुनोगे, परी कथा या राजा-रानी?

जिज्ञासु बन बच्चे बोले, ऐसी दादी कहो कहानी।

ना आज तक किसी ने सुनी, ना सुनाई, ना ही जानी।

तो सुनो बच्चों ध्यान लगा के, यह है अजब-ग़ज़ब कहानी।

बहुत समय पहले इस धरती पे आर्यावर्त था सबसे न्यारा।

भांति भांति के विहंग-दल डरते बसते करते थे गुज़ारा।

भाग 0: प्राचीन और मध्य कालीन आर्यावर्त (नींव का काल)

(The Foundation Era)

अति प्राचीन युग में सिंधु की नगरी बसी थी महान।

हड़प्पा और मोहनजोदड़ो के, इतिहास की है पहचान।

व्यापार का केंद्र था वह, और कला का था मान।

समृद्धि और शांति थी हर घर, जीवन था बहुत आसान।

तब वैदिक काल में, वेद और उपनिषद की हुई रचना।

आर्यों का विस्तार हुआ, संस्कृति की बनी नई संरचना।

वर्ण व्यवस्था की नींव पड़ी, गार्गी ज्ञान की ज्योत जगी।

पुरुष वादी समाज में भी, स्त्री की गरिमा तब सजी।

याज्ञवल्क्य से शास्त्रार्थ किया, स्त्रियों का मान बढ़ा।

विदुषी गार्गी की मेधा से, ज्ञान का परचम तब खड़ा।

महाजनपद बने तब, कर्मकांडों पर उठा दिया प्रश्न।

वैदिक धर्म और उपनिषदों की राह नई हुई तब उत्पन्न।

बौद्ध और जैन धर्म के उदय से, दर्शन के सजे नए रंग।

बुद्ध और महावीर ने दिया जैन-बौद्ध का दर्शन।

अहिंसा और सत्य के मार्ग से मानवता को किया रोशन।

महावीर और बुद्ध ने तब, धर्म का नया ज्ञान किया अर्पण।

अशोक के धम्म मार्ग से, स्तूप और स्तंभ बने थे ख़ास।

कलिंग युद्ध के पश्चाताप से, शांति हुआ नया उजास।

मौर्यों शासन में बौद्ध प्रचार से, आया सामाजिक समरस।

अशोक के संदेशों से, आर्यावर्त में फैला शांति का रस।

चोल, चेर और पांड्य जगे, दक्षिण का गौरव महान हुआ।

तमिल भूमि पर संगम काल में साहित्य फला, ज्ञान हुआ।

संगम साहित्य ने जीवन दर्शाया, तमिलों का इतिहास लिखा।

अकम् और पुरम के गीतों से, प्रेम, युद्ध का ज्ञान सीखा।

संगम की सभा जुटी तीन बार, तमिल भूमि का ज्ञान जगाया।

मधुरै में हुआ आयोजन, साहित्य का नया अध्याय बनाया।

एट्टुथोकै और पट्टुप्पाट्टु ने, प्राचीन जीवन को दर्शाया।

संगम साहित्य के ये संग्रह, तमिल की गाथा सुनाया।

कुरल के धर्म-अर्थ-काम ने, नैतिक मूल्यों को सिखलाया।

तिरुवल्लुवर ने ज्ञान रचा, जीवन जीने का मार्ग दिखाया।

गुप्त काल बना स्वर्ण युग कला, गणित का शिखर सजाया।

आर्यभट्ट ने शून्य देकर, ज्ञान की परचम लहराया।

आर्यभट्ट के शून्य और, कालिदास काव्य ने ज्ञान बढ़ाया।

कालिदास बने कवि-कुल-गुरु, अभिज्ञान से ज्ञान बढ़ाया।

शकुंतला की कहानी लिखी, संस्कृत का मान बढ़ाया।

शकुंतला की कथा अमर हुई, प्रेम का संदेश दिया।

राजा दुष्यंत से मिलन दिखाया, कालिदास अमर हुआ।

मेघदूत ने विरह का गीत गाया, यक्ष ने बादल को दूत बनाया।

अलकापुरी संदेश से, कालिदास ने विरह का दर्द बताया।

भास ने गढ़ा नाटक अनुपम, स्वप्नवासवदत्तम् था नाम गढ़ा।

उदयन और वासवदत्ता की, प्रेम कहानी का तब मान बढ़ा।

उदयन, वासवदत्ता की कहानी, साहित्य में अमर यह काम।

पात्रों का चित्रण अद्भुत किया, भाषा को दिया सुन्दर धाम।

साहित्यिक कृति यह अमर हुई, भास का हुआ फिर नाम।

कालिदास से पहले इनका, था उच्च शिखर पर तब धाम।

विष्णु शर्मा ने पंच तंत्र रचा, नीति कथाओं का जाल बुना।

पशु-पक्षियों की कहानियों से, जीवन का नया पाठ सुना।

नारायण पंडित ने हितोपदेश से, सरल भाषा में ज्ञान गढ़ा।

विश्व को कथा-कोष मिला, जिसमें जीवन का सार लिखा।

पंचतंत्र और हितोपदेश से, नीति और धर्म का ज्ञान पाया।

विष्णु शर्मा ने तब, पशु-कथाओं का नया रूप तब सजाया।

चरक और सुश्रुत आयुर्वेद का ज्ञान दुनिया ने पढ़ा।

शल्य चिकित्सा, औषधियों से, तब मानव का कल्याण बढ़ा।

शल्य चिकित्सा प्रारंभ किया, एक नया अध्याय रचाया।

चरक ने दी काया-चिकित्सा, सुश्रुत ने शल्य कर्म समझाया।

चिकित्सा और शल्य क्रिया से, आर्यावर्त को जाना ज्यादा।

धन्वंतरि के वरदान से, ज्ञान हमारा तब साधा।

पाणिनी ने व्याकरण का, अष्टाध्यायी में शास्त्र रचा।

भाषा की नींव रखी, ज्ञान का नया मार्ग जचा।

पतंजलि ने योग दर्शन देकर, मानव का कल्याण किया।

अष्टांग योग के मार्ग से, शरीर और मन शुद्ध किया।

कपिल मुनि ने सांख्य को दिया, ज्ञान की द्वैत धार जगी।

पतंजलि ने योग को साधा, आत्मा की मुक्ति की आस लगी।

प्रकृति, पुरुष का भेद बताया, दर्शन की नई राह चली।

गौतम ने दिया न्याय मार्ग, तर्क और ज्ञान की राह खुली।

प्रमाणों आधारित सत्य से, वैचारिक मंथन किया सदा।

कणाद ने वैशेषिक खोजा, द्रव्य और पदार्थ का भेद खड़ा।

परमाणु और अणु के जरिए, भौतिकी का मार्ग बढ़ा।

कणाद मुनि के दर्शन से, विज्ञान का तब ज्ञान गढ़ा।

जैमिनी ने की पूर्व-मीमांसा, वेद-कर्म का पथ दिखलाया।

यज्ञ और अनुष्ठान के द्वारा, धर्म का सार समझाया।

व्यास ने दिया उत्तर-वेदांत, ब्रह्म-सत्य का भाव जगाया।

उपनिषदों के सार से, आत्मा-परमात्मा का भेद मिटाया।

हर्षवर्धन ने उत्तर में, अंतिम हिन्दू साम्राज्य गढ़ा।

पुष्यभूति वंश की शान बढ़ाई, आर्यावर्त का गौरव बढ़ा।

कन्नौज की राजधानी से, साहित्य कला का उत्कर्ष बढ़ा।

हर्षवर्धन के शासनकाल में, नालंदा का मान बढ़ा।

अश्वमेध का यज्ञ किया, दक्षिण की सत्ता स्वीकार हुई।

नर्मदा सीमा तय हुई, पुलकेशिन द्वितीय से हार हुई।

विकेंद्रीकरण शक्ति दिखी, आर्यावर्त की विरासत अमीर हुई।

स्थानीय शासन ने बल पाया, लोकतंत्र की जड़ें सुदृढ़ हुई।

अजंता और एलोरा में, शैलों को काटकर गुफाएं बनी।

बौद्ध और हिंदू धर्म की, कला तब वहां सजी-धजी।

बौद्ध और हिंदू धर्म के, कला का अद्भुत ज्ञान जगा।

चित्रकला और जातक कथा से, धैर्य और कला का मान बढ़ा।

अजंता की दीवारों पर, बुद्ध के जीवन का ज्ञान खड़ा।

जातक कथाओं के चित्रों से, धर्म का परचम तब खड़ा।

तंजावुर का बृहदेश्वर बना, द्रविड़ स्थापत्य का मान हुआ।

राजराज चोल ने मंदिर बनवाया, दक्षिण गौरव महान हुआ।

राजेंद्र ने सागर को जीता, नौसेना का झंडा फहराया।

चोलों को विस्तारित कर, श्रीलंका तक मान बढ़ाया।

दक्षिण-पूर्व एशिया संग व्यापार चला, कीर्ति का चक्र चलाया।

चोल राजाओं ने नीति अपनाई, आर्यावर्त का मान बढ़ाया।

नटराज कांस्य प्रतिमाएं, शिल्प और कला का उत्कर्ष दिखा।

चोलों की यह देन महान, विश्व ने नृत्य का ज्ञान सीखा।

चेर, चोल, पांड्य का राजधर्म, साहित्य में अमर कहलाया।

न्यायपूर्ण शासन की बातें, संगम काल ने सिखलाया।

शंकराचार्य के अद्वैत ज्ञान से भक्ति का प्रारम्भ हुआ।

दक्षिण से उत्तर तक फैला, सनातन का फिर उद्धार हुआ।

ईश्वर से प्रेम का मार्ग दिखा, कर्मकांडों को त्यागा गया।

भक्ति आंदोलन से तब, समानता का मार्ग दिखाया गया।

जाति और भेदभाव को नकारा, मानवता का राग जगाया।

भक्ति आंदोलन के संतों ने, सबको गले लगाया।

अलवार, नयनार संतों से, दक्षिण में प्रेम का भाव जगा।

भक्ति आंदोलन की धारा बही, ईश्वर मिलन का राग बजा।

पृथ्वीराज का गौरव जागा, रणभूमि में शौर्य दिखाया।

तराइन के पहले युद्ध में, गजनी को तब धूल चटाया।

गोरी की सेना को, तराइन के पहले युद्ध में हराया।

पृथ्वीराज चौहान का गौरव, आज भी इतिहास ने गाया।

कन्नौज का जयचंद रूठा, प्रतिशोध अग्नि में जल गया।

देश की एकता को भूल, ग़द्दारी का बीज वो बो गया।

गोरी को साथ दिया, देशद्रोह का मार्ग तब चल गया।

जयचंद की ग़द्दारी से सम्पूर्ण आर्यावृत हिल गया।

तराइन के दूसरे युद्ध में, साम्राज्य की नींव टूट गई।

पृथ्वीराज की हार हुई, आर्यावर्त की स्वतंत्रता छूट गई।

विश्वासघात ने कमज़ोर किया, आज़ादी की डोरी छूट गई।

जयचंद की ग़द्दारी से, आर्यावर्त की स्वतंत्रता भी टूट गई।

इंडो-इस्लामिक कला खिली, कुतुब मीनार ने शिखर छुआ।

स्थापत्य और संस्कृति से, इतिहास का नया अध्याय हुआ।

दिल्ली सल्तनत में फ़ारसी से, संस्कृति का नया रंग हुआ।

अमीर खुसरो ने कव्वाली गाई, गंगा-जमुनी का संग हुआ।

विजयनगर साम्राज्य बना, कला संस्कृति का मान बढ़ा।

हम्पी की राजधानी सजी कृष्णदेवराय का नाम हुआ।

मुस्लिम आक्रमणों के बीच, दक्षिण का गौरव महान हुआ।

विजयनगर साम्राज्य ने, संस्कृति का परचम लहराया सदा।

अकबर के सुलह-ए-कुल की रीत से, धर्मों में समन्वय दिखा।

दीन-ए-इलाही का विचार दिया, शांति मार्ग दिखाया गया।

इबादतखाना में चर्चा हुई, दीन-ए-इलाही का बीज रखा।

धार्मिक सहिष्णुता प्रयास से, अकबर ने नया पंथ चला।

दीन-ए-इलाही के नाम से, एकता का दीप तब जला।

हिन्दू और मुस्लिम ने ज्ञान बाँटा, संस्कृति का मेल हुआ।

अकबर काल में संभव हुआ, सुलह-ए-कुल का खेल चला।

सहिष्णुता का दीप जलाया, साम्राज्य में शांति का खेल हुआ।

अकबर की नीति महान, मुगल सल्तनत का नाम हुआ।

तानसेन ने छेड़ा राग तब, संगीत का सुरीला जादू चला।

दरबार ए अकबर गूंज उठा, मेघ मल्हार बरसा सदा।

अकबर के दरबार में गान हुआ, तान ने आकाश छू लिया।

तानसेन की कला ने मोहा, संगीत का अमृत पिला दिया।

मेवाड़ में राणा प्रताप थे, अकबर के सामने न झुके।

हल्दीघाटी के युद्ध में, मुगलों के आगे वीर तब डटे।

हल्दीघाटी का युद्ध लड़ा, स्वतंत्रता का दीप न बुझा।

चेतक पर सवार हो, राणा ने मुगलों का बल कुचला।

खजुराहो के चंदेलों ने, मंदिरों का विशाल समूह गढ़ा।

इस कला का अद्‌भुत संगम, प्रेम काम का ज्ञान बढ़ा।

संस्कृति और शिल्प का उत्कर्ष, कला ने प्रेम का संदेश पढ़ा।

खजुराहो के मंदिरों में, जीवन का है सार खड़ा।

कोणार्क का सूर्य रथ बना, पत्थर को पहिए पर सजाया।

गंगा वंश के नरसिंह देव ने, वास्तुकला को चमकाया।

ओडिशा के तट पर स्थित, सूर्य आराधना का मार्ग दिखाया।

कोणार्क के मंदिर ने, कला का नया अध्याय बनाया।

जहाँगीर बना कला का प्रेमी, चित्रकला ने शीर्ष छुआ।

अद्‌भुत नक्काशी के रंग भरे, मुग़ल काल का नाम हुआ।

ईरानी और भारतीय शैली का, संलयन तब आरंभ हुआ।

मुगल काल की चित्रकला ने, जहाँगीर का मान बढ़ाया।

मुग़लों ने ताजमहल बनाया, स्थापत्य का उत्कर्ष दिखा।

खुर्रम का प्रेम अमर हुआ, दुनिया ने अजूबा नया देखा।

सूफी ने रूहानी प्रेम साधा, ख़ुदा की इश्क की राह चली।

कव्वाली और संगीत से, एकता की नई राह खिली।

चिल्ला और समा से मन को साधा, फ़ना की मंज़िल मिली।

सूफी संतों की वाणी से, प्रेम की कलियाँ तब खिली।

सूफी संतों ने यह राह दिखाई, रूहानी इश्क़ दिखलाया।

कबीर ने राम और रहीम को, एक ही सत्ता तब बतलाया।

जाति-धर्म के भेद मिटाकर, मानवता का पाठ पढ़ाया।

नानक और चिश्ती ने मिलकर, गंगा-जमुनी को बहाया।

समानता का संदेश फैलाया, धर्मों का मिलन दिखाया।

सिख धर्म का विकास हुआ, सूफ़ी-भक्ति चली सदा।

गुरु नानक के ज्ञान से, मानवता ज्योत जली सदा।

ज़िन्दा पीर ने नीति बदली, धर्मान्धिता का बाजार सजा।

मनमानी और जुल्मों सितम से, प्रजा को दिया सता।

सर्वोच्च संप्रभु शासक उदय हुआ, मराठा की नींव रखी।

मुगल अत्याचारों पर, हिंदू पद बादशाही की आस जगी।

हिंदवी स्वराज मार्ग दिया, न्याय शासन की रीत लिखी।

सर्वोच्च संप्रभु शासक ने, स्वाभिमान की जीत लिखी।

गोरिल्ला युद्ध नीति से, ज़िन्दा पीर को चुनौती दिया।

सर्वोच्च संप्रभु शासक ने मुगल नींव को तोड़ दिया।

प्रजा-हितैषी शासन दिया, आर्यावर्त को नई ऊर्जा दी।

सर्वोच्च संप्रभु शासक ने, मराठा शासन की नींव रखी।

सर्वोच्च संप्रभु ने मराठे जगाए, मुगलों को चुनौती दी।

हिंदवी स्वराज हेतु, गोरिल्ला युद्ध की नीति दी।

हिंदवी स्वराज्य की शपथ से, भगवा ध्वजा थी लहराती।

सर्वोच्च संप्रभु शासक की जय, मुगलों की नींद उड़ाती।

सर्वोच्च संप्रभु के बाद, पेशवा ने सत्ता संभाली।

पुणे गद्दी से कमान चली, इंद्रप्रस्थ तक धाक जमा ली।

बाज़ीराव ने अश्व दौड़ाया, भगवा ध्वजा को दूर दूर तक ले गए।

मराठा शक्ति शिखर छू गई, मुगलों के स्वप्न सो गए।

पर पानीपत की वो रणभूमि, मराठों का गौरव ह्रास हुआ।

अहमद शाह अब्दाली ने, इस शक्ति का विनाश किया।

साम्राज्य का विस्तार किया, अंत में पतन राग बजा।

दक्षिण में मराठों से हारा, मुग़ल सल्तनत का अंत हुआ।

ज़िन्दा पीर की नीतियों से, पतन का मार्ग शुरू हुआ।

महाराजा रणजीत सिंह जगे, खालसा का परचम फहराया।

शेर-ए-पंजाब नाम कमाया, लाहौर का तख़्त सजाया।

सतलज से सिंधु तक राज चला, शक्ति का नया पाठ सिखाया।

मुग़ल और अफ़गानों को रोका, दुर्गों पर अधिकार पाया।

स्वर्ण मंदिर का किया जीर्णोद्धार, धर्म का गौरव बढ़ाया।

तोपखाना और फ़ौज सजी, यूरोपीय प्रशिक्षण करवाया।

पर उनके जाने के बाद, दरबारों में पड़ फूट गई।

ब्रितानिया को राह मिली, पंजाब की स्वतंत्रता टूट गई।

छल-कपट, फूट और बिखराव से, आर्यावर्त कमज़ोर हुआ।

ब्रितानिया को राह खुली, इतिहास का नया दौर हुआ।

ध्यानचंद का तब युग चला, हॉकी का जादू चला।

डंडा उनका ऐसा घूमा, विदेशी शासक भी झूम उठा।

लगातार तीन स्वर्ण जीते, ओलंपिक में मान रखा।

पराधीन आर्यावर्त का परचम, विश्व पटल पर बोल उठा।

उनके खेल की हर ओर, चर्चा और सम्मान रहा।

हिटलर ने भी भेंट की, जर्मन नागरिकता का पैगाम दिया

पर राष्ट्रप्रेम को चुना, आर्यावर्त को ही स्थान दिया।

सबसे महान खिलाड़ी बने, खेल का इतिहास लिखा।

तिरंगा न होते हुए भी, देशभक्ति का अर्थ सिखा।

भाग 1: दासता का अंत और श्वेत कपोतों का युग (1885-1966)

प्लासी युद्ध में धोखा हुआ, मीर जाफ़र ने ग़द्दारी की।

सिराजुद्दौला की हार हुई, ब्रितानिया राज की राह खुली।

सिराजुद्दौला की हार ने, अंग्रेज़ों की राह तैयार की।

प्लासी युद्ध ने आर्यावर्त में ब्रितानिया की नींव धरी।

राजसी झगड़ों, विश्वासघात से, सत्ता का सूरज डूब गया।

आंतरिक साजिशों से, सम्प्रभुता का सपना दरक गया।

कंपनी बहादुर ने लाभ लिया, दासता का बीज रोपा गया।

ब्रितानिया शासन का दौर तब आर्यावर्त पर थोपा गया।

राजा राम मोहन ने ब्रह्म समाज तब खड़ा किया।

सती प्रथा के विरोध से, नव-जागरण का दीप जला।

दादोबा पांडुरंग ने जाति का भेद मिटा दिया।

परमहंस मंडली द्वारा, पुरानी रूढ़ियों को हटा दिया।

विद्यासागर के कारण, विधवा को जीवन दान मिला।

विधवा पुनर्विवाह से, सामाजिक न्याय को बल मिला।

रानाडे संग प्रार्थना समाज ने एकेश्वरवाद का नाम लिया।

आत्माराम, भंडारकर ने तर्क समानता का विधान किया।

दयानंद सरस्वती ने, वेदों की ओर चलो नारा दे डाला।

आर्य समाज स्थापना से, मूर्ति पूजा पर प्रश्न कर डाला।

थियोसोफी के ज्ञान ने, दर्शन का दीप जला दिया।

ब्लावत्स्की ने हिंदू धर्म की महिमा को पुनः दिखा दिया।

बम्बई महानगर में श्वेत कपोतों का, पहला सत्र हुआ।

ब्रितानिया के कुशाशन का भू पर चक्र चला हुआ।

दादाभाई ने धन निकासी का, सिद्धांत तभी पेश किया।

ब्रितानिया शासन की लूट का, सच्चा लेखा-जोखा दिया।

नरमपंथियों ने शांति से, सत्ता को चुनौती दिया।

प्रार्थना और याचिका से, आज़ादी का अलख जगाया।

पुणे में चापेकर के आक्रोश से, पहला बलिदान हुआ।

प्लेग कमिश्नर रैंड को मारा, स्वतंत्रता का शंख बजा।

ब्रितानिया अफ़सरों पर प्रहार से, क्रान्ति का बीज बोया।

चापेकर बंधुओं के इस कार्य ने, आज़ादी का मार्ग दिया।

ब्रितानिया ने बंगाल को तोड़ा, पर स्वदेशी की आग जली।

बंग-भंग के विरोध में, एकता की ज्वाला पली।

मुस्लिम लीग भी अलग बनी, तुष्टीकरण का बीज जमा।

एक आंदोलन एक रास्ते का सपना हो गया धुँआ धुँआ।

बंगाल में युगांतर जागा, अनुशीलन से राह जगी।

सशस्त्र क्रांति की आग भड़की, ब्रितानिया की नींद उड़ी।

जब त्रिमूर्ति क्रांतिकारी वीरों ने गर्म दल का सुर जपा।

शांतिदूत की राह धीमी पड़ी, युवाओं ने पथ नया तपा।

मार्ले-मिंटो सुधार आए, पृथक चुनाव का जाल बुना गया।

आर्यावर्त की भागीदारी हेतु साम्प्रदायिकता को चुना गया।

खुदीराम को फांसी हो गई, लोकमान्य को मिला कारावास।

आज़ादी के मतवालों ने भर दिया एक नया उज्जास।

ग़दर नामक दल बना, सैन फ्रांसिस्को में जन्म हुआ।

सशस्त्र क्रांति से ब्रितानिया में भय उत्पन्न हुआ।

सैन फ्रांसिस्को में ग़दर की आग से, क्रांति की राह चली।

हरदयाल-सोहन की क्रांति से, ब्रितानिया की नींव हिली।

राष्ट्रपिता ने अफ्रीका से, आर्यावर्त में अपना कदम धरा।

जन आंदोलनों के बल पर बापू ने आज़ादी का दम भरा।

तिलक-बेसेंट ने स्वराज का, होम रूल से नाम दिया।

स्वराज का नारा देकर जनता को लाम बद्ध किया।

महिलाओं की सभा जुटी, अधिकारों की मांग हुई।

एनी बेसेंट की अगुवाई में, क्रांति की तब नींव पड़ी।

महिला सम्मेलन ने, शिक्षा, मतदान का संकल्प लिया।

चंपारण में राष्ट्रपिता ने, पहला सत्याग्रह किया।

किसानों को न्याय दिला, तिनकठिया समाप्त किया।

रौलट काला कानून आया, जलियांवाला में रक्त बहाया।

इस की आड़ में ब्रितानिया ने आर्यावर्त पर जुल्म ढाया।

ना अपील, ना वकील, ना दलील, ऐसा जुल्मी एक्ट बनाया।

क्रान्ति को कुचलने हेतु ब्रितानिया ने ये मार्ग अपनाया।

ब्रितानिया ने जलियांवाला में, निहत्थों पे गोली चलवा दी।

बेकसूर निहत्थी जनता पैरों के नीचे कुचलवा दी।

शहीदी खून ज़मीन पर बहा, दासता की हद टूट गई।

नृशंस हत्याकांड देखकर सब्र की डोरी टूट गई।

राष्ट्रपिता ने सत्याग्रह सभा से, रौलट का विरोध किया।

राष्ट्रीय एकता, जन भागीदारी को एक नया मोड़ दिया।

असहयोग, खादी का चरखा, आत्मनिर्भरता का दीप जगा।

राष्ट्रपिता के नेतृत्व में, स्वदेशी का नारा सदा चला।

तुर्की के खलीफा का पद, ब्रितानिया ने छीन लिया।

आर्यावर्त के मुस्लिम समाज ने, इस पर गहरा रोष किया।

अली बंधुओं ने आवाज़ उठाई, राष्ट्रपिता ने सहयोग दिया।

असहयोग संग जुड़कर इसने, एकता का नया रूप लिया।

हिंदू-मुस्लिम की शक्ति जगी, अंग्रेज़ों पर दबाव बढ़ा।

आंदोलन से जन सैलाब उमड़ा, विरोध का परचम चढ़ा।

पर जब तुर्की में ख़िलाफ़त गई, आंदोलन का जोर घटा।

एकजुटता की नींव हिली, सांप्रदायिकता का बीज पड़ा।

विदेशी वस्त्रों की होली जली, अर्थव्यवस्था का रूख मुड़ा।

स्वदेशी आंदोलन से, ब्रितानिया पर आघात लगा।

स्कूल, न्यायालय का बहिष्कार हुआ, राष्ट्रवाद का भाव जगा।

असहयोग आंदोलन ने, जन-जन में जोश भरा।

राष्ट्रपिता के नेतृत्व में, आर्यावर्त का मान बढ़ा।

हिंदू-मुस्लिम ने कदम मिलाया, एकता का फूल खिला।

असहयोग से, राष्ट्रपिता का ये सपना साकार हुआ।

चौरी-चौरा की हिंसा थी, असहयोग पर चोट पड़ी।

अहिंसा-सविनय नींव तभी, आंदोलन की पक्की धरी।

मोतीलाल और दास ने, स्वराज दल तब बना लिया।

विधानसभा में घुसकर लड़ने का, नया दांव चला दिया।

इस दल ने सरकार पर, आंतरिक दबाव बनाया।

विधानसभा में घुसकर, ब्रितानी सत्ता को झुकाया।

काकोरी की घटना में, क्रान्तिवीरों ने बलिदान दिया।

इस कदम से ब्रितानिया की, सत्ता को तब हिला दिया।

साइमन कमीशन आया तभी, बहिष्कार तब चल पड़ा।

एकता, स्वाभिमान दिखा, स्वयं संविधान का संकल्प खड़ा।

सर्वदलीय शांति रिपोर्ट ने, संविधान की रूपरेखा धरी।

इस एक कदम ने तभी, स्वतंत्रता की स्फूर्ति भरी।

आज़ाद भगत के शौर्य से, सेंट्रल असेम्बली में आवाज़ उठी।

काकोरी और फांसी के फंदों से, आज़ादी की ललक उठी।

आज़ादी के मतवालों ने, सांडर्स का हुआ वध किया।

पंजाब केसरी की मौत का, भगत सिंह ने हिसाब किया।

साम्राज्य का अंत कर, खुद को बलिदान किया।

फांसी का फंदा चूमकर, दीवानों ने नाम किया।

भगत सिंह ने नया दर्शन दिया, इंकलाब का नारा दिया।

असेंबली में बम फेंका, ब्रितानिया सत्ता को हिला दिया।

असेंबली में बम फेंककर, बहरों को भी सुना दिया।

आज़ादी के मतवालों को क्रांति का रास्ता दिखा दिया।

जिन्ना के चौदह बिंदु, लाहौर में पूर्ण स्वराज प्रण लिया।

अधिवेशन के बाद आर्यावर्तवासियों ने नया रण छेड़ दिया।

नमक सत्याग्रह और सविनय से, कानून उल्लंघन किया।

डांडी यात्रा से, ब्रितानिया राज को बेचैन किया।

स्त्रियों ने शराब की दुकानें घेरी, घर से निकल संग्राम किया।

सविनय अवज्ञा आंदोलन ने, आज़ादी मार्ग प्रशस्त किया।

सविनय अवज्ञा से मार्ग खुला, आज़ादी की राह जगी।

कर और चौकीदारी विरोध हुआ, जन शक्ति आगे बढ़ी।

साम्राज्य की नींव को हिलाया, आज़ादी का सूर्य उगा।

जन-शक्ति का पर्व खड़ा, नया इतिहास तब चला।

राष्ट्रपिता-इरविन समझौते ने वार्ता के रास्ते खोल दिए।

असहयोग वापिस हुआ, नमक बनाने के रास्ते खोल दिए।

दूसरी गोलमेज परिषद में, दलितों हित पूना पैक्ट हुआ।

हरिजन हित पूना पैक्ट हुआ, दलितों के हक़ सुरक्षित हुए।

अम्बेडकर के प्रयास से, विधानमंडल में आरक्षित हुए।

तीसरी गोलमेज परिषद से, 'कपोत' रहे अनुपस्थित।

ब्रितानिया समझ गए, अब जीत है यहाँ दुष्कर।

आर्यावर्त का नया कानून बना, सत्ता का बटवारा हुआ।

शांतिदूत ने इस चार्टर को दासता का अधिनियम कहा।

प्रांतों में चुनाव हुए, आठ जगह 'कपोतों' की सरकार बनी।

विश्व युद्ध शुरू हुआ, आर्यावर्त को युद्ध में धकेला गया।

क्रांतिकारियों द्वारा विरोध का विचार उड़ेला गया।

श्वेत कपोतों ने प्रांतीय सरकार से खुद ही त्यागपत्र दे डाला।

मुस्लिम लीग ने पाकिस्तान मांगा, अगस्त प्रस्ताव ठुकरा डाला।

सिंह ने फॉरवर्ड ब्लॉक बनाया, 'कपोतों' से नाता तोड़ लिया।

घरेलु राजनीति छोड़, आज़ाद हिन्द फ़ौज से नाता जोड़ लिया।

क्रिप्स मिशन ठुकराया, फ़ौज ने 'आज़ाद हिन्द' नाम लिया।

सिंह वीर ने सेना बनाई, देश को बाहर से मुक्त किया।

महिला क्रांतिकारियों ने, पराधीनता को धता बताया।

'आर्यावर्त छोड़ो' का नारा, आजादी हित युद्ध लड़ा।

'करो या मरो' मंत्र से, संग्राम तब आगे बढ़ा।

कैबिनेट मिशन आया, शांतिदूत ने अंतरिम सरकार चलाई।

पर मुस्लिम लीग ने, अपनी डफली अलग बजाई।

माउंटबेटन योजना आई, सत्ता हस्तान्तरण की तारीख बतलाई।

15 अगस्त 1947 की तारीख ब्रितानिया ने तय ठहराई।

आर्यावर्त टूटा, दो फाड़ हुआ, रक्तपात और हाहाकार मचा।

भयंकर खुनी संघर्ष के बाद आज़ादी का सपना साकार हुआ।

राष्ट्रपिता बापू मारा गया, चरम पंथियों पर लगा दोष।

राष्ट्रपिता की मृत्यु पर आर्यावर्त में फैल गया भारी रोष।

लोह-पुरुष ने क़मान धरी, रियासतों को मिलाने का प्रण लिया।

'लौह पुरुष' ने कूटनीति से, आर्यावर्त को एकजुट किया।

'गुमनाम शिल्पकार' ने साथ दिया, विशाल आर्यावर्त किया।

विलय-पत्र की शक्ति से, छोटी-बड़ी रियासतें झुकीं।

लौह पुरुष के दृढ़ निश्चय से, आर्यावर्त की एकता दिखी।

जूनागढ़ में जनमत हुआ, नवाब को दौड़ाया भगाया।

लौह पुरुष की नीति से, जूनागढ़ आर्यावर्त में मिल पाया।

हैदराबाद पर निज़ाम अड़ा, पुलिस-एक्शन से पोल खुली।

ऑपरेशन पोलो ने जीत दिलाई, साम्राज्य की डोर मिली।

लौह पुरुष के निश्चय से, हैदराबाद ने आर्यावर्त की राह चुनी।

निज़ाम की सल्तनत तब डोली, एकता की तब नींव बुनी।

अर्धचँद्री ने अलग देश बनाकर "पीर वेर" पर हल्ला बोल दिया।

अचानक हुए इस हमले से राजा हरिसिंह का तख़्त डोल गया।

रक्षा सहायता के लिए राजा ने आर्यावर्त से सहारा चाहया था।

सेना भेजने से पहले आर्यावर्त ने "पीर वेर"खुद में मिलाया था।

श्वेत कपोतों ने संविधान रचा, प्रजातंत्र की नींव जमाई।

नागरिकों को अधिकार मिले और चुनाव प्रणाली अपनाई।

छब्बीस नवम्बर को विधान पाकर, सभा में खुशियाँ छाई।

गणतंत्र की नींव रखी गई, संविधान की गूंज सुनाई।

नव-आर्यावर्त में तब संविधान ने, 'न्याय-शीर्ष' को स्थान दिया।

'विधि-देवता' के मंदिर में, 'न्याय-तुला' का मान किया।

'संविधान-शिल्पी' के सपने को, 'सर्वोच्च-आसन' ने साधा।

'अधिकार-रक्षक' बना देखो, जिसने नागरिक को बल दिया।

कार्य पालिका, विधायिका पर, 'तीसरी-आँख' का ध्यान रहा।

'आधारभूत-ढाँचा' तब गढ़ा, जिसने 'जन-सत्य' का नाम लिया।

अंतिम आश्रय, अंतिम निर्णय, 'न्याय-तीर्थ' का हुआ।

'विधि-राज्य' की ध्वजा फहराई, लोकतंत्र का मान रखा।

निति निर्धारक मानक सदा, आर्यावर्त की करता रहे भलाई।

संविधान की शक्ति से, लोकतंत्र की गूंज तब छाई।

मौलिक अधिकार और कर्तव्य का लिखित कानून बना।

समता और स्वतंत्रता का, तब नया विधान रचा।

प्रथम चुनाव हुए तब, लोकतंत्र ने पहला कदम रखा था।

आर्यावर्त के नागरिकों ने वोट का पहला स्वाद चखा था।

सातवें संशोधन से बाँटा, भाषाई राज्यों का चला सिलसिला।

फ़ाज़ल अली आयोग ने भाषाई राज्यों का, गठन किया।

राज्यों के पुनर्गठन की राह से, देश का नया नक्शा बन गया।

प्रशासनिक ढांचे को सुधारा, राज्यों को पुनर्गठित किया।

भाषा आधार पर नए राज्य बने, विविधता में एकता नाम दिया।

आर्यावर्त में तब साहित्य ने, नव-जागरण का रूप लिया।

पुरानी परंपरा को तोड़कर, 'शब्द-क्रांति' का मार्ग जिया।

कलम को हथियार बना, समाज को नया ज्ञान दिया।

'कलम-सेवक' ने तब गाँव का, यथार्थ चित्रण कर डाला।

साहित्य ने गरीब-किसान की, व्यथा को फिर उभार डाला।

हिंदी साहित्य ने तब देखो, 'समाज- दर्पण' तब बनवाया।

पुरानी सत्ता और सामंतवाद पर, नया विमर्श तब छाया।

चित्रकला में 'आधुनिकता' ने, रंगों का तब भेद किया।

कलाकारों ने 'विचार-मुक्त' होकर, अमूर्त को फिर स्थान दिया।

'फ़िल्म-रथ' पर आर्यावर्त ने, 'जन-सरोकार' का भार धरा।

सिनेमा की शक्ति से, समाज का दर्पण हुआ खड़ा।

जनता के मन को छूने वाली, 'कला-यात्रा' आगे बढ़ी।

सिनेमा ने जन-चेतना की, तब नई दिशा गढ़ी।

नए नाट्य-लेखक और कवि ने, जन-चेतना को नया बल दिया।

संस्कृति का तब विस्तार हुआ, जीवन को नया संदेश दिया।

शांतिदूत ने किया आह्वान, ज्ञान को प्रथम स्थान दिया।

वैज्ञानिक चेतना जगाई, शोध को आधार दिया।

देश को मिले प्रौद्योगिकी संस्थान, शिक्षा का प्रकाश फैला।

आई आईटी और इसरो से, तब विश्व में डंका बजा।

आधुनिक आर्यावर्त की नींव, तब बुद्धिमत्ता से रखी गई।

वैज्ञानिक सोच और ज्ञान से, विकास की धारा बही।

गुट-निरपेक्षता का मार्ग चला, जब शीत युद्ध का संकट आया।

शांतिदूत ने नीति अपनाई, दुनिया को नया पथ दिखाया।

विश्व दो ध्रुवों में बँटा हुआ था, आर्यावर्त ने तीसरा पथ अपनाया।

शांतिदूत की सोच ने, दुनिया को नया पथ दिखाया।

विश्व मंच पर आर्यावर्त आया, शांतिदूत ने ध्वज उठाया।

गुट-निरपेक्षता की नीति दी, दो ध्रुवों से स्वयं को बचाया।

मानवाधिकार का पक्ष लिया, जातिवाद को नकारा सदा।

'पूर्व के मोती' की आवाज़ बना, न्याय का मार्ग गढ़ा।

सुरक्षा परिषद् में भी, स्थायी सीट की माँग रही।

शांति सेना भेजी देश ने, विश्व शांति की राह बही।

बहुपक्षीय मंचों पर आर्यावर्त, वैश्विक मुद्दों में नाम कमाया।

विकासशील देशों संग खड़ा, आर्यावर्त ने मान बढ़ाया।

होमी भाभा का साथ मिला, परमाणु शक्ति का बीज पड़ा।

अणु ऊर्जा आयोग खड़ा हुआ, आत्मनिर्भरता का दीप जला।

शक्ति और विज्ञान का संगम, दूरदर्शिता का नाम रहा।

आर्यावर्त की सुरक्षा हेतु, यह एक महान काम रहा।

योजना आयोग का जन्म हुआ, पंचवर्षीय राह तब दिखी।

शान्तिदूत के सपनों की, नई तस्वीर तब खिंची।

आज़ादी पाकर आर्यावर्त ने, आर्थिक नींव का काम किया।

'अर्थ-गरुड़' की हुई स्थापना, जिसने 'मुद्रा-चक्र' संभाल लिया।

'वित्तीय-सारथी' तब बना देखो, जिसने आर्यावर्त को राह दी।

महँगाई पर लगाम लगाई, बैंकों को शुद्ध दिशा दी।

'मुद्रा-छाप' पर वचन लिखा, 'अधिकार-हस्ताक्षर' तब हुआ।

'कागज़ी-संपत्ति' का हुआ रक्षक, विश्वास का तब बल भरा।

सोने-चाँदी का हुआ प्रहरी, 'देश-कोष' को सुरक्षित रखा।

आर्यावर्त की 'वित्तीय-सत्ता' का, उसने ही तब मान रखा।

शांतिदूत की दूरदर्शिता से, विकास की नई दिशा तब लिखी।

योजना आयोग की स्थापना से, प्रगति की तब बुनियाद सजी।

शांतिदूत ने बड़े बाँधों को, आधुनिक मंदिर नाम दिया।

विकास और शक्ति हेतु, आर्यावर्त निर्माण का प्रण लिया।

जहाँ भिलाई, राउरकेला में, कारखानों का जन्म हुआ।

भारी उद्योग की शक्ति जगी, 'अर्थ-गरुड़' का पंख मिला।

सार्वजनिक क्षेत्र का उदय, गरीबी उन्मूलन का प्रण था।

यह आर्थिक आत्मनिर्भरता का, प्रथम और अटल चरण था।

औद्योगीकरण को मिला बल, आत्मनिर्भरता का द्वार खुला।

भाखड़ा-नांगल खड़ा हुआ, सिंचाई और बिजली का स्रोत बना।

नदी घाटी परियोजना से, पंचवर्षीय सपना फला।

पर कुछ जन-जीवन विस्थापित हुए, भूमि का अधिकार झूला।

विस्थापन का दर्द सहा, पर्यावरण का भी प्रश्न उठा।

विकास की राह कठिन चली, सामाजिक न्याय का संघर्ष बढ़ा।

खेल का मैदान सजा, हेलसिंकी में कुश्ती हुई।

खाशाबा जाधव ने की पहल, स्वतंत्र आर्यावर्त की खुशी हुई।

1952 का वर्ष था, पहला व्यक्तिगत पदक मिला।

कांस्य पदक जीत कर इसने, गौरव का दीप जला।

गरीबी से संघर्ष किया, उम्मीदों का भार उठाया।

जनता के सहयोग से, ओलंपिक का मार्ग पाया।

एक मराठा ने कुश्ती से, विश्व में पहचान बनाई।

आज़ाद आर्यावर्त की शुरुआत हुई, खेल को नई राह दिखाई।

1954 में भारत रत्न सम्मान मिला, गुरु का दर्शन महान किया।

उपराष्ट्रपति से राष्ट्रपति बने, शिक्षा का मान दिया।

राजाजी का कदम चला, अंतिम गवर्नर का पद संभाला।

स्वतंत्र आर्यावर्त की बुद्धि थी, दर्शन का दीप उजला।

रमन प्रभाव से नाम हुआ, विज्ञान का डंका बजा।

नोबेल से भारत रत्न तक, शोध का मार्ग तब सजा।

काशी के इस महान संत ने, जीवन को दर्शन दिया।

शिक्षा और आदर्श से, तब आर्यावर्त को बल दिया।

आधुनिक भारत का वास्तुकार, कृष्णराज सागर को नाम दिया।

इंजीनियरिंग का बल था, देश को निर्माण तब दिया।

गुट निरपेक्षता का मार्ग चुना, आज़ादी की नींव को रखा।

पंचवर्षीय योजना से, देश को नया स्वप्न दिखा।

उत्तर प्रदेश के नेता थे, आर्यावर्त को विलय का बल दिया।

हिंदी भाषा के विकास में, अद्वितीय योगदान दिया।

महिला शिक्षा के योद्धा थे, सामाजिक सुधार का कार्य किया।

विधवा विवाह को बल दिया, नारी को अधिकार दिया।

बंगाल के निर्माण में, डॉक्टर की भूमिका महान रही।

चिकित्सा और राजनीति, दोनों में अद्वितीय शान रही।

राजर्षि का शीर्षक मिला, हिंदी को पहचान दिलाई।

स्वतंत्रता की वेदी पर, निष्ठा से आहूत पाई।

गोवा में गरुड़ ने, पुर्तगाली शासन से मुक्ति पाई।

आर्यावर्त की गोद खिली, शांति की बजी शहनाई।

दलाई लामा को शरण मिली, चीनी ड्रैगन ने आँख दिखाई।

संबंधों की डोर हिली, युद्ध की नौबत तक आई।

ड्रैगन सर्प ने घात लगाई, आर्यावर्त पर छाया शोक का छोर।

1962 में युद्ध मचा, शांतिदूत के शांति के सपनों की टूटी डोर।

सीमा वार्ता हुई विफल, युद्ध का बीज बिखर गया।

अक्साई चीन का दर्द मिला, आर्यावर्त का मन सिहर गया।

पराजय ने मनोबल को तोड़ा, रक्षा नीति का ढाँचा बदला।

अचानक से आर्यावर्त जागा, सेना का कायाकल्प हुआ।

शांति दूत ने प्राण दिए, दृढ़ कपोत ने ली हाथ कमान।

आर्यावर्त को नया नारा दिया जय जवान जय किसान

'फ्लाइंग सिख' का तब दौर चला, रोम में ट्रैक पर आग लगी।

400 मीटर की दौड़ में, विश्व रिकॉर्ड की कीर्ति जगी।

सेकंड के दसवें भाग से, ओलंपिक का पदक छूटा।

सीमा पार से आया, पर विभाजन का दर्द टूटा।

एशियाई खेलों में स्वर्ण जीता, राष्ट्रमंडल में भी नाम हुआ।

पाकिस्तान में दौड़े तब, 'फ्लाइंग सिख' का सम्मान हुआ।

रेस में हार हुई पर, इच्छाशक्ति से देश का मान बढ़ा।

संघर्ष और मेहनत की कथा, युवाओं का मार्ग गढ़ा।

जय जवान जय किसान का, गूंज उठा एक नया गान।

शास्त्री जी की वाणी से, बढ़ा देश का तब स्वाभिमान।

सौम्य दृढ़ संकल्पी नेता ने हरित क्रांति का बीज बो दिया था।

अन्न की कमी हुई दूर, आर्यावर्त का पेट भर दिया था।

छल से ऑपरेशन जिब्राल्टर, अर्धचँद्री ने घुसपैठ करा दी।

आर्यावर्त की सेना ने अर्धचँद्री की सेना को धूल चटा दी।

उस दृढ़ संकल्पी नेता ने दुश्मन से दूजा युद्ध लड़ा।

अर्धचँद्री को धूल चटाई, आर्यावर्त का सिर ऊंचा खड़ा।

अर्धचँद्री संग दूजे युद्ध में, आर्यावर्त ने भारी जीत पाई।

ताशकंद की शांति वार्ता में, नेता ने अपनी जान गँवाई।

आर्यावर्त में जब भाषा की, दिल्ली से चली थी नई धार।

दक्षिण में 'काली भूमि' जगी, क्षेत्रीय अस्मिता का भाव अपार।

'द्रविड़-सूर्य' ने बिगुल फूँका, 'आरक्षण-रथ' ने गति पाई।

'आत्म-सम्मान' की राह चली, रूढ़िवाद की जड़ें तब हिलाई।

हिंदी थोपे जाने पर, 'द्रविड़-सत्ता' ने आवाज़ उठाई।

'संघर्ष-पुत्र' ने 'काली भूमि' पर, क्षेत्रीय शक्ति तब फैलाई।

'चक्रवर्तिन' का राज टूटा, 'द्रविड़ दल' ने सत्ता संभाली।

दिल्ली की सत्ता को ललकारा, 'क्षेत्रीय क्षत्रप' ने राह निकाली।

17वां राज्य हरियाणा संघ में आया, नव निर्माण की राह चली।

हरित क्रांति का आधार बना, देश की भूख तब मिटी।

भाग 2: रानी की तानाशाही, बाघों का उभार और सैन्य संघर्ष (1971-2000)

सिंडिकेट का दांव चला, सोचा, थी वह 'गूँगी गुड़िया'।

अनुभवहीन समझकर, सत्ता की राह तब बुना।

पर निर्णय लेने की शक्ति से, सबको तब हैरान किया।

आयरन लेडी बनकर, राजनीति का रुख तब मोड़ दिया।

उनके तेवर देख सब बोले, कहाँ गई वह 'गुड़िया' अब।

सत्ता की बागडोर संभालकर, आर्यावर्त का नाम किया तब।

महारानी ने चतुर-सुजानों का, संगठन से नाता तोड़ दिया।

सिंडिकेट को मात देकर, पार्टी पर कब्जा कर लिया।

अर्धचँद्री के अदूरदर्शी ने, बंग-जनपद में अन्याय किया।

अर्दचँद्री-सेना ने जुल्म ढाए, पूरब खंड का रक्त पिया।

कपोती रानी को अन्याय अखरा, जनरल से फिर ली राय।

मानसून के चलते सेनापति ने, रण टालने की दी सलाह।

तीन दिसम्बर को अर्धचँद्री ने, अंधेरे में पहला वार किया।

आर्यावर्त पर बम गिराया, युद्ध का बिगुल तब शुरू किया।

रणभेरी बजी सोलह दिसम्बर, अर्धचँद्री ने हार स्वीकार की।

तिरानवे हज़ार बंदी बनाए, बंग-जनपद को मुक्ति दी।

कपोती रानी ने, अर्धचँद्री का पूर्वी हिस्सा तोड़ दिया।

सोनार बांग्ला बना नया राष्ट्र, इतिहास का रूख मोड़ दिया।

सातवां बेड़ा ले 'ईगल' चला, 'भालू 'मदद ने जीत दिलाई।

'71' का युद्ध जीता, 'सोनार बांग्ला' को आज़ादी दिलाई।

एक विजय ऐसी मिली, इतिहास में तब नाम हुआ।

अटल जी ने संसद में, कपोती रानी का गुणगान किया।

अर्धचँद्री को बाँट दिया, आर्यावर्त का गौरव बढ़ा।

विपक्ष ने भी माना तब, 'दुर्गा' का नाम दे मान गढ़ा।

हरित क्रांति का विस्तार हुआ, अन्न का संबल पाया।

अन्न-कोष से देश भरा, दुर्भिक्ष का भय तब दूर भगाया।

कपोती रानी की नीति से, कृषि ने नई राह चुनी।

आर्यावर्त की संप्रभुता तब, खाद्य सुरक्षा से बनी।

चिपको का आंदोलन चला, वृक्षों को गले लगाया गया।

पर्यावरण की रक्षा हेतु, सामाजिक चेतना को जगाया गया।

चिपको का आंदोलन हुआ, पेड़ों से मानव चिपक गया।

पर्यावरण गाँधी और गौरा देवी ने, पर्यावरण का अलख जगा।

उत्तराखंड की महिलाओं ने, जंगल को बचाने का राग जपा।

चिपको आंदोलन के द्वारा, पर्यावरण रक्षा का प्रण तपा।

तृतीय युद्ध विजय पर, सत्ता के केंद्रीकरण की आलोचना हुई।

अधिकार सिमटकर हाथ में आए, लोकतंत्र नींव कमजोर हुई।

शिमला समझौता में, पीर वेर का हिस्सा न वापस ले पाई रानी।

युद्ध विराम की बात मानी, चलती रही सीमा की मनमानी।

पोखरण में परमाणु विस्फोट हुआ, दुनिया ने आर्यावर्त को घूरा।

शांतिपूर्ण प्रयोग की बात कही, आर्यावर्त का डंका बजा पूरा।

अणु शक्ति का दम भरा, जिसने सुरक्षा-कवच को पूरा किया।

शांतिपूर्ण प्रयोग की बात कही, शक्ति का संदेश दिया।

विज्ञान और सुरक्षा का बल, दृढ़ता से तब अर्जित किया।

ईगल ने प्रतिबंध लगाए, पर मित्र भालू ने साथ दिया।

आर्यावर्त कूटनीति सफल हुई, दोस्ती का वचन दिया।

न्यायपालिका ने 'मूलभूत ढांचे' से, रानी की शक्ति को रोका।

केशवानंद भारती मामले में, संविधान का पहरा ठोंका।

सिक्किम बना नया राज्य, ड्रैगन ने इसे 'घृणित कृत्य' ठहराया।

आर्यावर्त का हिस्सा बन गया सिक्किम, चीन ने रोष दिखाया।

श्वेत कपोतों ने आर्यभट्ट भेजा, अंतरिक्ष में पहचान बनाई।

रूस की मदद से कदम बढ़ाया, विज्ञान की धाक जमाई।

इंदिरा ही आर्यावर्त, आर्यावर्त ही इंदिरा, तानाशाही भाव दिखा।

देवकांत बरुआ के इस नारे ने, आपातकाल का संकेत दिया।

'आंतरिक सुरक्षा' की कहकर, रानी ने आपातकाल ठहराया।

लोकतंत्र का गला घोंटा गया, लोकनायक ने विरोध जताया।

अहंकार जब बढ़ा उनका, आपातकाल की स्याही फैल गई।

लोकतंत्र का गला घोंटा, आर्यावर्त की जनता दहल गई।

सब जीवों ने किया विरोध भारी, सारे अधिकार हुए मैले।

आर्यावर्त की सुरक्षा के नाम पे, जेलों में ठूंसे नेता अकेले।

'प्रथम कपोत पुत्र' नसबंदी योजना, जनता आक्रोश बढ़ा गई।

सत्ता का घमंड चरम पर था, 'कपोतों' की छवि गिरा गई।

लोकबंधु की अर्जी पर, रानी का आसन गया छीना।

इलाहाबाद हाई कोर्ट का फैसला, लोकतंत्र का नया नगीना।

रानी कपोती सत्ता से हारी, बाघों और बघेरों ने गद्दी पाई।

आपातकाल का अंत हुआ, लोकतंत्र में फिर साँस आई।

वैश्विक मंच पर शांति दिखी, युद्ध की राह तब रुक पाई।

विश्व राजनीति के मंच पर, आर्यावर्त की छवि निखर आई।

प्रजा दल के टुकड़े हुए, बाघों ने नया कमल दल बनाया।

कमल-पुष्प नेता के जरिए, बाघों ने कमल फूल खिलाया।

पाटलीपुत्र के जननायक राजा ने, आरक्षण का पाठ पढ़ा दिया।

पिछड़ों को अधिकार मिले, सामाजिक न्याय मार्ग दिखा दिया।

रानी कपोती की हुई वापसी, जनता ने फिर उसे रानी माना।

बाघ बघेरे हुए विफल, महारानी कपोती को फिर पहचाना।

गरीबी हटाओ का मंत्र दिया, जनता के मन को तब छू लिया।

बैंकों के राष्ट्रीयकरण से, आम जन को बल दिया।

विकास की डोर तब गरीब तक पहुँची, न्याय का आधार दिखा।

समाजवादी राह पर चलकर, देश को नया प्रकाश मिला।

'प्रथम कपोत पुत्र' की असमय मृत्यु, 'कपोतों'में शोक बना।

विरासत पर प्रश्न उठा तभी, सत्ता का खेल और घना।

'चीतों'में 'भजन' था, 'आया राम गया राम' दलदल बनाया।

राजनीति में दलबदल आम हुआ, हरियाणा ने संग्राम चलाया।

'बघेरा' चौधरी आया हरियाणा, वंशवाद की डोर पकड़ ली।

'ताऊ' की विरासत ले, हाथों में मजबूती से जकड़ ली।

तेलुगु हंस ने तेलुगु अस्मिता से, आंध्र में नया दल बनाया।

अन्नागारु ने नाम कमाया, श्वेत कपोतों का राज गिराया।

बछड़े भी जगे पाटलिपुत्र में, छोटा नेता बना बड़ा नाम।

मंडल राजनीति से, चरवाहा विद्यालय बना नया धाम।

भोपाल में गैस त्रासदी हुई, हजारों प्राणी हुए बीमार।

यूनियन कार्बाइड की लापरवाही से, शहर में मचा हाहाकार।

अमृतसर 'ब्लू स्टार' चला, खालिस्तान का संकट बढ़ा।

धार्मिक भावना को चोट लगी, 'रानी' पर तब दोष लगा।

स्वर्ण मंदिर पर हमला हुआ, देश में अलगाव का शोर मचा।

रानी कपोती की क्रूर हत्या हुई, आर्यावर्त में भीषण दंगे छाए।

सिख दंगों में बाघों ने, श्वेत कपोतों पर तीखे आरोप लगाए।

अफ़वाहों का बादल गहरा, दुख का साया हर दिल पर पड़ा।

सिख दंगों में बाघों ने, श्वेत कपोतों पर आरोप जड़ा।

राजनीति के मैदान में, कीचड़ उछाला तब सड़ा।

न्याय की राह हुई मुश्किल, सच को अँधेरे में दफ़नाया।

श्वेत कपोतों ने माफ़ी मांग कर शांति का रास्ता अपनाया।

'द्वितीय कपोत पुत्र' ने ली कमान, दल-बदल पर कसी लगाम।

सत्ता संभाली बहुमत से, नए आर्यावर्त की जगी आस।

कपोतों के द्वितीय पुत्र ने बहुमत से, सत्ता की बागडोर संभाली।

युवा जोश से सरकार बनी, देश में आशा की किरण निराली।

कंप्यूटर युग का शंख फूँका, सूचना क्रांति का मार्ग दिखाया।

तकनीकी विकास के सपने को, देश की आँखों में जगाया।

साम-पित्रोदा का साथ मिला, आर्यावर्त को दिशा मिली।

सॉफ्टवेयर की शक्ति तब, विश्व मंच पर खिली।

दहेज, उत्पीड़न को रोकने हेतु, कानून को सख्त बनाया गया।

महिला अधिकार सुरक्षित कर सामाजिक न्याय बढ़ाया गया।

युवा नेतृत्व ने कदम रखा, नई सोच का प्रवाह बहाया।

दल बदल पर लगाम कसी, राजनीति में शुचिता चाहा।

असम और मिजोरम का समझौता, शांति की राह पर आया।

संयम और कूटनीति से, क्षेत्रीय विवाद सुलझाया।

द्वितीय कपोत' ने 'शाह बानो' पलटा, तुष्टीकरण आरोप लगा।

महिलाओं के हकों पर वार किया, सियासत का दाँव चला।

आरिफ़ ने तब कांग्रेस छोड़ा, देश में नया उबाल जगा।

असम समझौता हुआ, श्वेत कपोतों को आलोचना मिली।

बाहरी लोगों का मुद्दा सुलझाया, शांति की राह बात बनी।

'द्वितीय कपोत पुत्र' ने प्रेस पर, विफल प्रयास प्रतिबंध किया।

विरोध हुआ चारों ओर से, लोकतंत्र को बचा लिया।

लॉर्ड्स के मैदान पर तब, कपिल का बल काम आया।

वेस्टइंडीज की शक्ति को, आर्यावर्त ने तब हराया।

अप्रत्याशित सी जीत मिली, विश्व कप का स्वप्न सधा।

1983 में देश ने, क्रिकेट का गौरव गढ़ा।

कम स्कोर पर टीम सिमटी, पर गेंदबाज़ी ने रंग जमाया।

अंडरडॉग की टीम ने, दुनिया को चमत्कार दिखाया।

टीवी पर सीधा प्रसारण, गली-गली में उत्सव मना।

क्रिकेट को धर्म बनाया, देशप्रेम का अर्थ बना।

डॉ. राजेंद्र प्रसाद सम्मान मिला, पहले राष्ट्रपति कहलाए।

संविधान सभा के प्रमुख थे, सादगी के दीप जलाए।

डॉ. ज़ाकिर हुसैन अलीगढ़ के ज्ञान से, शिक्षा का मान बढ़ाया।

उपराष्ट्रपति से राष्ट्रपति बने, लोकतंत्र का भरोसा जगाया।

पांडुरंग वामन काणे धर्मशास्त्र ज्ञाता, संस्कृत को सम्मान दिया।

कानून और संस्कृति, शोध में योगदान दिया।

शास्त्री जी ताशकंद में वीर हुए, जय जवान का नारा दिया।

नैतिकता और सादापन, देश को अधिकार दिया।

इंदिरा गांधी 1971 में विजय मिली, आयरन लेडी नाम हुआ।

बैंकों का राष्ट्रीयकरण किया, गरिबी हटाओ का काम हुआ।

वी. वी. गिरि ट्रेड यूनियन के नेता थे, श्रम की आवाज़ उठाई।

राष्ट्रपति बन कर तब, लोकतंत्र की शपथ खाई।

के. कामराज तमिलनाडु बदला, शिक्षा का आधार दिया।

'कामराज प्लान' से संगठन को, नई ऊर्जा से नाम कमाया।

मदर टेरेसा कोलकाता की जननी थीं, सेवा का भाव जगाया।

गरीबों के आँसू पोंछे, नोबेल का मान पाया।

आचार्य विनोबा भावे भूदान क्रांति, गांधी का दर्शन अपनाया।

अहिंसा के मार्ग पर, जन-जन को शिक्षा का पाठ पढ़ाया।

खान अब्दुल गफ्फार खान 'सीमांत गांधी', भाईचारा सिखाया।

पहला गैर-भारतीय सम्मान, आर्यावर्त ने आदर जताया।

कपोतों' पर बोफोर्स आरोप, देश में तब तहलका मचाया।

सत्ता हाथ से निकलती देख, उन्होंने अभियान चलाया।

बोफोर्स के बाद आर्यावर्त में, अस्थिरता का बीज जम गया।

मंडल मसीहा की सरकार बनी, जल्दी ही शोर थम गया।

मंडल मसीहा ने राष्ट्रीय मोर्चा, गठबंधन की सरकार बनाई।

बाहर से कमल दल ने समर्थन दिया, पर नींव कमजोर बनाई।

मंडल की सिफारिशें लागू हुई, आरक्षण का हक़ मिला।

ओबीसी वर्ग को 27 प्रतिशत, सामाजिक न्याय का पर्व चला।

पिछड़े वर्गों में चेतना जगी, सामाजिक न्याय का मार्ग खिला।

आरक्षण की नीति के बल से, समानता का फूल खिला।

दलित और कमज़ोर वर्ग जगा, दल और नेता नए बने।

आरक्षण की राजनीति से, सामाजिक समीकरण भी नए बने।

असम में खड़ग उदय हुआ, अवैध घुसपैठ का मुद्दा उठाया।

छात्र आंदोलन से पार्टी बनी, शांति का परचम लहराया।

'पीर वेर' बंधिनी का अपहरण, 'अर्धचँद्री' आतंकी को छोड़ा।

आतंकवाद तब और बढ़ा, सरकार झुकी, नीति को मोड़ा।

श्वेत कपोतों ने उदारीकरण नीति दी, अर्थव्यवस्था खुली-खिली।

उदारीकरण के बने मसीहा, विकास की एक राह मिली।

उदारीकरण संग बाजार खुला, शेयरों में तब तेज़ी आई।

हर्षद मेहता ने तब, घपले की चाल तब चलाई।

बैंक रसीदों का हुआ दुरुपयोग, पैसों का हेर-फेर चला।

घोटाले से शेयर बाज़ार में, अस्थिरता का दौर चला।

वित्तीय व्यवस्था की पोल खुली, कानून में बदलाव हुआ।

स्टॉक मार्केट में सेबी का, सख्त नया प्रभाव हुआ।

बड़े निवेशकों का टूटा भरोसा, व्यवस्था पर प्रश्न उठा।

अर्थनीति में बदलाव आया, नियामक का मार्ग गढ़ा।

राजकोष में जब संकट आया, सोना तब गिरवी रखा गया।

आर्थिक सुधारों का तब, आर्यावर्त ने नया मार्ग चुना।

नए चाणक्य, मौनी बाबा ने, उदारीकरण का मार्ग दिखा दिया।

विश्व बैंक से ऋण लिया, आर्थिक बदलाव का प्रण किया।

एलपीजी सुधारों से, आर्यावर्त ने विकास का मार्ग चुना।

वैश्वीकरण की नीति से, एक नया आयाम बुना।

लाइसेंस राज की हुई समाप्ति, बाज़ार को मुक्त किया गया।

उदारीकरण की नीति से, विकास का नया अध्याय लिखा गया।

विदेशी निवेश का मार्ग खुला, उद्योगों को बल दिया गया।

वैश्वीकरण की नीति से, अर्थव्यवस्था को आयाम दिया गया।

सरकारी नियंत्रण ढीला हुआ, निजी क्षेत्र को काम मिला।

उदारीकरण और वैश्वीकरण से, अर्थव्यवस्था को आयाम मिला।

विक्रेयता और दक्षता बढ़ी, आर्यावर्त को नई पहचान मिली।

उदारीकरण के सुधारों से, अर्थव्यवस्था ने नई उड़ान भरी।

वैश्वीकरण के इस दौर में, आर्यावर्त ने नई दिशा गढ़ी।

विश्व बाज़ार में तब, अपनी पहचान करी खड़ी।

विश्व के बाज़ार से जुड़ाव बढ़ा, वैश्वीकरण का मंत्र जपा।

आर्यावर्त ने अर्थव्यवस्था से, नई दिशा का मार्ग तपा।

वस्तु, सेवा के आवागमन से, अर्थव्यवस्था ने करवट लिया।

वैश्वीकरण की नई दिशा से, आर्यावर्त ने विकास मार्ग लिया।

सूचना प्रौद्योगिकी में तेरी आई, सॉफ्टवेयर का ज्ञान बढ़ा।

आर्यावर्त ने विश्व में, तकनीकी का नया अध्याय रचा।

निर्यात हुआ विश्वभर में, आर्थिक विकास अग्रसर हुआ।

सूचना प्रौद्योगिकी की लहर, आर्यावर्त का नाम उच्च हुआ।

'द्वितीय कपोत पुत्र' की हत्या हुई, आर्यावर्त में गमी छा गई।

सत्ता 'कपोतों' के हाथ आई, नए 'चाणक्य' की राह बन गई।

अयोध्या में, विवादित ढाँचा गिराया गया, भयानक आग जली।

देश भर में अशांति और सांप्रदायिकता की चिंगारी फैली।

अग्नि-पुष्प दल और बाघों पर, हिंसा का इल्ज़ाम लगा।

साम्प्रदायिकता की आग में, ना कोई अपना, ना सगा।

उत्तरकाशी के पर्वतों में, भूकंप का कंपन चला।

कई जानें गईं तब, हिमालय भी जैसे दहल गया।

लातूर की धरती भी काँपी, महाराष्ट्र में दर्द हुआ।

भूकंप की भीषण त्रासदी ने, जीवन को अस्त-व्यस्त किया।

नर्मदा घाटी में आक्रोश से, विस्थापन पर मेधा ने सवाल किया।

बांध के विरोध में, जन-जन ने अधिकारों के हक़ के लिए लड़ा।

नर्मदा बचाओ आंदोलन से, पर्यावरण का पथ गढ़ा।

बांधों से विकास ज़रूरी, पर जीवन का मूल्य दिया।

नर्मदा बचाओ आंदोलन ने, पुनर्वास का अधिकार दिया।

पर्यावरण की रक्षा के लिए, जन-संगठन का बल बढ़ा।

चिपको और नर्मदा बचाओ से, हरियाली का मार्ग बढ़ा।

जल, जंगल, ज़मीन की लड़ाई, नीति, न्याय का पथ गढ़ा।

पर्यावरण आंदोलनों से, अधिकारों का मार्ग बढ़ा सदा।

तीन साल रही अस्थिरता, गठबंधन का खेल चला।

'कमल-पुष्प'नेता सत्ता में आए, तख्त जल्दी गिर चला।

गठबंधन के छोटे योद्धा ने, सत्ता को शर्तों पे बांध दिया।

समर्थन वापस का डर दे, राजा को नाचने पे मजबूर किया।

लंबित आरोपों पे मिट्टी ढकी, कानून को ताक़ पे रखा।

मंत्रालय और निज पद माँगे, वतन की बेहतरी झूठ कहा।

इलाके हेतु विशेष पैकेज, बाकी राज्यों को शोषित किया।

अंधेर नगरी का राजा नाचा, नैतिक मूल्यों को भ्रष्ट किया।

टी. एन. शेषन ने चुनाव आयोग को, शक्ति का नया रूप दिया।

मॉडल कोड का पालन कराया, राजनीति में सुधार किया।

मतदाता कार्ड का नियम आया, स्वच्छ चुनाव का मार्ग खुला।

धन-बल और बाहुबल पर, कड़ी लगाम तब लगी सदा।

नेताओं की मनमानी रुकी, निष्पक्षता की लहर चली।

अधिकारियों ने कार्य किया, लोकतंत्र की नींव जमी।

आयोग का बढ़ा प्रभाव, निर्वाचन का मान बढ़ा।

पारदर्शिता से प्रजातंत्र का, नव-अध्याय तब गढ़ा।

तुरंग ने जनता दल छोड़ा, लक्ष्मण रेखा को तोड़ दिया।

समता दल नया नाम दिया, राजनीति को मोड़ दिया।

समाजवादी हंसों ने सत्ता-द्वार में समाजवादी झण्डा उठा लिया।

मुलायम ने नाम कमाया, दलितों-पिछड़ों को गले लगा लिया।

सत्ता का विकेंद्रीकरण, गांव और शहर को बल मिला।

पंचायती राज को संविधान में, अधिकारों का नाम मिला।

73वां संशोधन आया, ग्राम सभा को स्थान दिया।

महिलाओं को आरक्षण मिला, लोकतंत्र का मान किया।

नगरपालिका का उदय हुआ, शहरी स्वशासन का मार्ग खुला।

74वें संशोधन से, स्थानीय निकाय को बल मिला।

जन-भागीदारी से अब शासन, विकास का कार्य सधा।

सत्ता की डोर नीचे पहुँची, लोकतंत्र का आधार गढ़ा।

1996 में अटलांटा में, खेलों का तब पर्व सजा।

लिएंडर पेस का जादू चला, पदक जीतने का अर्थ सधा।

व्यक्तिगत कांस्य पदक से, 44 वर्ष की प्यास बुझी।

टेनिस के मैदान पर तब, देश की आँखें हर्षी।

गुट-निरपेक्षता का अंत हुआ, आर्थिक सुधार का दौर चला।

ऐसे संक्रमण काल में, खेल ने गौरव का दीप जला।

युवा खिलाड़ी को बल मिला, ओलंपिक की राह दिखी।

हॉकी के बाद व्यक्तिगत जीत, खेल संस्कृति तब खिली।

एम.जी. रामचंद्रन तमिलनाडु नायक, राजनीति में नाम हुआ।

अभिनेता से मुख्यमंत्री बने, लोगों का कल्याण किया।

डॉ. अम्बेडकर संविधान शिल्पी, पिछड़ों को अधिकार दिया।

कानून और समानता, आर्यावर्त को दर्शन दिया।

नेल्सन मंडेला रंगभेद के खिलाफ़ लड़े, शांति का मार्ग चुना।

दक्षिण अफ्रीका के गांधी थे, सद्भाव का बीज बुना।

राजीव गांधी युवा प्रधानमंत्री थे, कंप्यूटर का युग शुरू किया।

सूचना क्रांति का मार्ग दिया, पर राजनीति में बलिदान दिया।

सरदार पटेल ने रियासतों को जोड़ा, 'लौह पुरुष' नाम कमाया।

उप-प्रधानमंत्री के रूप में, देश को एक सूत्र में लाया।

मोरारजी देसाई जनता पार्टी नेता, जिसने साठ गांठ को तोड़ा।

पहला गैर-कांग्रेसी प्रधानमंत्री, ईमानदारी का मान मिला।

मौलाना अबुल कलाम पहले शिक्षा मंत्री, ज्ञान का दीप जलाया।

हिन्दू-मुस्लिम एकता का संकेत दिया, आर्यावर्त को बल पाया।

जे.आर.डी. टाटा उद्योगों के भीष्म, भारत को पहचान दिलाई।

एयर इंडिया की नींव रखी, देश की आर्थिक शक्ति बढ़ाई।

सत्यजीत रे फिल्म कला में नाम हुआ, दुनिया ने सम्मान दिया।

'पाथेर पांचाली' की रचना की, सिनेमा को पहचान दिया।

गुलजारीलाल नंदा दो बार सत्ता संभाली, निष्ठा का मान रखा।

कार्यवाहक प्रधानमंत्री बने, सादगी का पाठ पढ़ा।

हवाला और झामुमो घूस, श्वेत कपोतों पर कई दाग लगे।

नए चाणक्य की सरकार हिली, भ्रष्टाचार के चर्चे जगे।

बाघों ने परमाणु दम भरा, अर्धचँद्री ने भी शक्ति दिखाई।

पोखरण में विस्फोट हुआ, आर्यावर्त ने ताकत दिखाई।

बाघों ने पोखरण दो से , परमाणु शक्ति का दम भरा।

कमल-पुष्प दल नेता के नेतृत्व में, आर्यावर्त का मान बढ़ा।

परमाणु दम पर ईगल ने फिर, कड़े प्रतिबंध लगा दिए।

आर्यावर्त ने हार ना मानी, आत्मनिर्भरता से कदम बढ़ा दिए।

प्रतिबंध लगाने को ड्रैगन ने, अंतर्राष्ट्रीय दबाव बढ़ाया।

आर्यावर्त ने आँख दिखाई, अपनी ताकत का परचम फहराया।

कमल-पुष्प दल नेता का सपना पूरा, आर्यावर्त का नाम किया।

परमाणु परीक्षण सफल रहा, आर्यावर्त शक्ति का परचम बढ़ा।

इन्द्रप्रस्थ किराया कानून बना, श्वेत कपोतों ने लागू नहीं किया।

मकान मालिकों, किराएदारों का, कुछ भी भला नहीं किया।

दीदी ने हुंकार भरी तब, बंगाल में नया दल बनाया।

"बंगाल की धरती पर फिर, शक्ति का नया खेल रचाया।

मत्स्यों ने ओडिशा में, नवीन नेतृत्व को जन्म दिया।

कलिंग-पुत्र की विरासत संभाली, सरकार का नया रूप दिया।

लाहौर घोषणा के बाद भी अर्धचँद्री ने, पीछे से वार किया।

करगिल का युद्ध हुआ, आर्यावर्त ने फिर भारी इंतकाम लिया।

अर्धचँद्री ने किया हमला, कारगिल में सेना ने जीत दिलाई।

परमाणु परीक्षण शक्ति ने, पाकिस्तान को औकात दिखाई।

अर्धचँद्री ने शिशिर के लाभ से, पीर वेर चोटी ली कब्ज़ा।

पाँच हज़ार घुसपैठियों ने, एलओसी को पार किया।

आर्यावर्त को खबर मिली, तुरत सेना को तब कूच कराया।

टाइगर हिल और द्रास सेक्टर वापस जीतने का प्रण लिया।

तोपों और फाइटर विमानों ने, दुश्मन के दिए होश उड़ाय।

ऊंची चोटी पर वीरों ने, शौर्य का परचम दिया फहराय।

सत्रह दिन का भीषण युद्ध, ऑपरेशन विजय जीता गया।

सत्ताईस जुलाई को सेना ने तब, सीमा पर मान बढ़ाया।

कमल-पुष्प दल नेता ने भारी जीत का जश्न मनाया।

ईगल ने अर्धचँद्री को धमकाया, भालू ने तटस्थता अपनाई।

वैश्विक मंच पर शांति दिखी, युद्ध की राह तब रुक पाई।

क्षेत्रीय शक्ति तब सशक्त हुई, केंद्र की सत्ता डोल गई।

गठबंधन राजनीति चली, राष्ट्रीय दलों की मौन हो गई।

कंधार में प्लेन बंधक बना, बाघों ने आतंकियों को छोड़ दिया।

सत्ता ने घुटने टेक दिए, देश को भारी घाव दिया।

उड़ीसा के तट पर महाचक्रवात ने, हज़ारों को मार दिया।

प्रशासन की कम तैयारी, प्रकृति ने रौद्र रूप दिखा दिया।

भाग 3: गठबंधन, क्षेत्रीय क्षत्रपों का खेल और गतिरोध (2000-2014)

'धेनु', 'मत्स्य' से नए प्रांत बने, तीन नए राज्य पाए जन्म।

'कमल-पुष्प दल' नेतृत्व में, आर्यावर्त का नया स्वरूप सनम।

स्वर्णिम पथ की शुरुआत हुई, राजमार्गों का जाल बिछाया।

पूरब से पश्चिम, उत्तर से दक्षिण, विकास का मार्ग सजाया।

बुनियादी ढांचे को मिली गति, अर्थव्यवस्था को आधार मिला।

कमल-पुष्प दल के प्रयास से, भारत निर्माण का स्वप्न फला।

संचार क्रांति को बल मिला, फोन सेवा का विस्तार हुआ।

निजीकरण से टेलीकॉम में, नया बाज़ार तब तैयार हुआ।

यह आम जन तक पहुँचा, संपर्क का जाल तब फैला।

तकनीकी विकास का क्रम, निरंतर आगे तब चला।

गुजरात की भुज नगरी में, भूकंप ने प्रलय ढा दिया।

गणतंत्र दिवस पर कहर बरपा, हजारों लोगों को मार दिया।

अर्धचँद्री सम्मुख सेना डटी, सीमा पर लाखों जवान खड़े।

ऑपरेशन पराक्रम चला, युद्ध की आहट से सब डरे।

कूटनीति से युद्ध टला, वरना 'अर्धचँद्री'के टुकड़े हो जाते।

परवेज मुशर्रफ घबरा गया, दबाव से कदम पीछे हटा लेते।

संसद हमले से, बाघों पर खुफिया विफलता का आरोप लगा।

अंधेरी सुरंग में सुरक्षा हुई विफल, देश में मातम छा गया।

बाघों पर ताबूत रिश्वत का दाग लगा, भ्रष्टाचार उजागर किया।

करगिल युद्ध के बाद मामला उठा, विपक्ष ने फिर शोर किया।

रक्षा सौदों में झोल हुआ, नैतिकता का दामन तार-तार हुआ।

बोफोर्स, राफेल के नाम पर, राजनीति में फिर कोहराम हुआ।

गुजरात में हुई भीषण हिंसा, बाघों की सत्ता पर दाग लगे।

गोधरा कांड की आग से, मानव इतिहास में कलंक जगे।

साबरमती एक्सप्रेस में, जब कारसेवकों की जान गई।

पंचरंगी सत्ता की सरकार, तब सवालों के घेरे में आई।

पलक झपकते ही देखो, गुजरात तब जल उठा।

इतिहास के पन्नों पर तब, एक काला अध्याय लिखा।

दहशत और मौत का मंजर, गलियों में पसरा हुआ था।

इंसानियत का दामन तब, लहू से सना हुआ था।

कइयों के घर उजड़ गए, कितनों ने तब जान गंवाई।

न्याय की आस में, आंखें आज भी अब भर आई।

यह दर्द आज भी ताजा है, जख्म गहरे तब हुए।

सत्ता के गलियारों में, सवाल आज भी अब खड़े हुए।

राजसी नीति ने बीज बोया, आर्यावर्त में भेदभाव की आग जगी।

अराजकता के दोषों से, जन-मानस के मन में क्रोध भरी।

शहर फूँक गाँव तक फैली, मानवता का पथ विचलित हुआ।

मानवता के नैतिक मूल्य इस आग में हो गए स्वाहा।

हिंसा के इस तांडव से, नैतिक पतन की मिसाल बने।

प्रशासन की निष्क्रियता पर और भी सवाल उठे।

अमन लौटा पर विश्वास न लौटा, हर कोई शंका से घबराया।

इंसान इंसान से डरने लगा, नया समाज ये कैसा बना?

अटल का हृदय विचलित हुआ, गोधरा के घाव तब हरे थे।

इंद्रप्रस्थ से गुजरात को संदेश, राजधर्म के बोल तब खरे थे।

कहा मुख्यमंत्री से, राजधर्म का पालन करो तुम भाई।

बिना भेदभाव के, सबको सुरक्षा मिले सदा भाई।

शासन का कर्तव्य यही है, प्रजा में शांति का वास हो।

न्याय और निष्पक्षता से ही, लोकतंत्र का तब विकास हो।

'छोटी रानी' ने 'महाबाघ' को, 'मौत का सौदागर' कहा।

चुनावी भाषण में आरोप लगा, पर 'बाघों' को फायदा हुआ।

'मौन कपोत' ने सरकार चलाई, दस साल तक शांत रहे।

वैश्विक मंच पर आर्यावर्त की, छवि को तब बढ़ाते रहे।

वैश्विक मंदी को मात दी, अर्थव्यवस्था की शान बने रहे।

वैश्विक बेरोजगारी युग में भी, राष्ट्र के झंडे तने रहे।

हिंद महासागर में उठी सुनामी, दक्षिण में कहर हुआ।

हंडुमान से नीलगिरि तक, प्रकृति का तांडव हुआ।

सूचना का अधिकार मिला, जनता के लिए यह उत्तम कर्म।

भ्रष्टाचार पर लगाम लगी, लोकतंत्र का मजबूत बना धर्म।

मौन कपोत ने योजना दी, नरेगा का तब नाम चला।

गरीबों को काम मिला, रोजगार का विधान फला।

सौ दिन का गारंटी कार्य, ग्रामीण विकास को बल मिला।

जन-जन को मिला हक, भुखमरी का संकट टला।

महिलाओं की भागीदारी बढ़ी, सशक्तिकरण की राह चली।

बैंक खातों में सीधा पैसा, भ्रष्टाचार पर चोट लगी।

गांव की अर्थव्यवस्था सुधरी, पलायन का क्रम थमा।

सामाजिक सुरक्षा बढ़ी, लोकतंत्र का मान जमा।

शतरंज का तब सिंहासन, विश्वनाथन आनंद ने पाया।

ज्ञान और बुद्धि से, विश्व चैम्पियन का ताज सजाया।

कम्प्यूटर युग की लड़ाई में, मानव मस्तिष्क का बल दिखाया।

आर्यावर्त को दिमाग के खेल में, विश्व गुरु का मान दिलाया।

युवा पीढ़ी को प्रेरणा मिली, बौद्धिक विकास की राह चली।

2007 से 2013 तक, बादशाहत की नींव डली।

रूस की दशकों की सत्ता, एक भारतीय ने तब तोड़ी।

दिमागी ताकत से विश्व जीता, आर्य भूमि से कीर्ति जोड़ी।

असैनिक अणु संधि ईगल से, भालू ने दिया साथ महान।

मौन कपोत की कूटनीति से, बढ़ा आर्यावर्त का मान।

सिर मुंडवा लूँ कह शेरनी ने, 'कपोतों' की रानी पर प्रश्न किया।

इटली नागरिकता का मुद्दा उठाया, परिणाम पर प्रश्न किया।

कोसी ने बिहार में मार्ग बदला, जल-प्रलय का शोक हुआ।

बांध टूटा, बाढ़ ने तबाही मचाई, जनता में कोहराम हुआ।

बछड़ों पर घोटालों का दाग, तुरंग ने सुशासन नाम कमाया।

लालू राज की छवि घटी, बिहार में विकास का दीप जलाया।

मुंबई में आतंक छाया, समुद्र से आए दुर्दांत अर्धचँद्री।

छब्बीस ग्यारह में निर्दोष मारकर हिला दी मुंबई नगरी।

कपोतों ने चंद्रयान भेजा, अंतरिक्ष को छूने का किया काम।

आर्यावर्त का गौरव बढ़ गया, दुनिया में रोशन किया धाम।

बीजिंग में निशानेबाज़ ने, स्वर्ण पर तब निशाना साधा।

अभिनव बिंद्रा ने पहला व्यक्तिगत, ओलंपिक का मार्ग गढ़ा।

10 मीटर की राइफल से, आर्यावर्त का मस्तक ऊँचा किया।

2008 में देश ने, एथेंस का इंतजार किया।

यह मेहनत और एकाग्रता का, विश्व को परिणाम दिखा।

टीम के बाहर भी व्यक्तिगत, स्वर्णिम अध्याय तब लिखा।

तिरंगे का मान बढ़ा, खेलों में आस्था जगी।

जन-जन में तब हर्ष हुआ, आशा की लहर जगी।

'कॉमन वेल्थ', 'स्पेक्ट्रम', 'कोयले' का, 'कपोतों' पर दाग लगा।

सरकार की छवि गिरी, सत्ता का भी अंत हुआ।

'तृतीय श्वेत कपोत' ने, भट्टा पारसौल में किसानों का पक्ष लिया।

'बहन जी' सरकार को घेरा, जमीन अधिग्रहण मुद्दा उठा दिया।

'कृष्ण मृग' के बेटे ने, 'कपोतों' का साथ छोड़ दल बनाया।

आंध्र में सरकार बनाकर, जीत का नया झण्डा लहराया।

'धेनु' के घर व्यापम दाग लगा, 'बाघों' की नीति पर प्रश्न लगा।

प्रवेश परीक्षा में घोटाला हुआ, शिक्षा के दामन पर मैल लगा।

केदार घाटी में प्रलय आई, बाढ़ ने पर्वत को आँसूं रुला दिए।

बादल फटा हाहाकार मचा, हज़ारों सदा के लिए सुला दिए।

'विद्रोही बगुले' ने हल्ला बोला, 'इन्द्रप्रस्थ' की गद्दी कब्जा ली।

भ्रष्टाचार खिलाफ आवाज़ उठाई, 'आप' पार्टी ने सत्ता सजा ली।

'तृतीय श्वेत कपोत' ने, सार्वजनिक मंच पर अध्यादेश फाड़ा।

अपनी सरकार को शर्मिंदा किया, विरोध का बिगुल बजाया।

तेलंगाना का नारा लगा, नीलकंठ ने आंदोलन शुरू किया।

केन्द्र से लड़कर राज्य बनाया, तेलंगाना का सपना पूरा किया।

तेलंगा नया प्रांत बना, श्वेत कपोतों ने जाते-जाते दान दिया।

आंध्र प्रदेश का बँटवारा हुआ, दो राज्यों का विधान किया।

विज्ञान और तकनीक ने, आर्यावर्त में नव-उत्कर्ष पाया।

इसरो ने मंगलयान भेजा, आर्यावर्त ने अंतरिक्ष में नाम कमाया।

'कपोतों'ने मंगलयान भेजा, आर्यावर्त का बढ़ा मान।

विश्व में धाक जमी तभी, विज्ञान का गाया गान।

सूचना क्रांति के युग ने, शिक्षा और ज्ञान का दीप जलाया।

इंटरनेट और कंप्यूटर से, आर्यावर्त दुनिया को पास ले लाया।

'तृतीय श्वेत कपोत' ने, अमेठी से किया प्रवेश।

युवा नेतृत्व की उम्मीद जगी, विरासत का दिखा विशेष।

श्वेत कपोतों ने महासचिव बनाया, युवा दल की कमान दी हाथ।

पर अनुभवों की रही कमी, नहीं मिला जनमत का साथ।

मैरी कॉम, नेहवाल ने, 2012 में लंदन को साधा।

सिंधु, साक्षी ने रियो में, नारी शक्ति का मार्ग गढ़ा।

साक्षी ने रियो में कदम रखा, कुश्ती का इतिहास रचा।

पहला महिला पहलवान का पदक, देश का गौरव तब सजा।

कमजोर नहीं अब देश की बेटी, हर क्षेत्र में नाम हुआ।

खेल के मैदान पर तब, पितृसत्ता का अंत हुआ।

महिला आरक्षण की चर्चा चली, सशक्तिकरण की राह खुली।

समाज की सोच बदली, देश की तकदीर हिली।

कुश्ती और बैडमिंटन में, जीत का जश्न मनाया।

नारी शक्ति के बल से, आर्यावर्त ने मान पाया।

भाग 4: महाबाघ का युग और निर्णायक प्रहार (2014–2025)

'महाबाघ' चौदह में दहाड़ा, 'कपोतों' का युग तमाम किया।

पूर्ण बहुमत से सरकार बनी, 'कपोतों' का सूपड़ा साफ किया।

जन-धन, आधार, मोबाइल शक्ति से, नई क्रांति फल रही।

डीबीटी से हर योजना, गरीब गुरबों तक चल रही।

डीबीटी से भ्रष्टाचार रुका, आम आदमी की बात सुनी।

सीधे खाते में पैसे से, लाभार्थियों की बात बनी।

डिजिटल इंडिया का यज्ञ हुआ, सरकारी सेवा सरल हुई।

मोबाइल और इंटरनेट से, जन-जन की राहें सफल हुईं।

आत्मनिर्भरता का मंत्र जपा, रक्षा में आर्यावर्त सक्षम हो उठा।

पर डिजिटल क्रांति के संग, 'डेटा-सुरक्षा' का प्रश्न उठा।

निजी जानकारी की चोरी से, नागरिक मन में भय तब जड़ा।

आधार, डीबीटी का लाभ, पर 'निगरानी' का डर साथ चला।

विकास की नई राहों पर, 'गोपनीयता' का सवाल खड़ा।

मेक इन इंडिया का प्रण लिया, विदेशों पर निर्भरता कम हो।

मेक इन इंडिया से बल मिला, शस्त्र स्वदेशी बनने लगे।

रक्षा क्षेत्र में आत्मनिर्भरता से, विश्व के राष्ट्र झुकने लगे।

साइबर और अंतरिक्ष युद्ध हेतु, सेना आधुनिक सजी हुई।

स्वदेशी तकनीक ने बल दिया, भारत की ताकत तब बढ़ी हुई।

न्याय की गुहार लगाई, बेटियों ने स्वर को उठाया।

यौन शोषण के विरुद्ध लड़ी लड़ाई, न्याय का परचम लहराया।

नारी के दृढ संकल्पों से विकृत शोहदों की जड़ हिली।

न्याय की खातिर, कानून का डंडा चला तभी।

पितृसत्ता की जड़ों पर, सवाल सीधा दागा गया।

नारी आंदोलन करके, समानता का अधिकार मांगा गया।

'तृतीय कपोत' दो चुनाव हारे, जिम्मेदारी अपने सर ले ली।

अध्यक्ष पद से इस्तीफा दिया, नेतृत्व की नई डगर चल दी।

'तृतीय कपोत' ने 'चायवाला' कह, महाबाघ को हीन दिखाया।

इस ज़नाब ने ये क्या फ़रमाया, मन में सबके ये विचार आया।

पंद्रह लाख, दो करोड़ नौकरी, विपक्ष ने 'जुमला' नाम दिया।

जनता ने विश्वास जताया, विपक्ष ने केवल सवाल किया।

'घुटनों पर अर्धचँद्री', था मौनी राज, विपक्ष ने प्रहार किया।

शर्म-अल-शेख बयान ने, बलूचिस्तान का मुद्दा उठा दिया।

'महाबाघ'ने फिर नोटबंदी की, काले धन की हुंकार भरी।

8 नवंबर रात भूचाल आया, संचित काली राशि धरी।

घुसकर सीमा के पार मारा, घर में घुसकर पाठ पढ़ा दिया।

सर्जिकल स्ट्राइक ने तब, अर्धचँद्री को सबक सिखा दिया।

'उरी' हमले का, 'बाघों' ने 'सर्जिकल स्ट्राइक' से बदला लिया।

तृतीय कपोत ने बाघों की, सैनिक कार्यवाही पर सवाल किया।

राजनीति का स्तर गिरा, पक्ष विपक्ष ने निम्नतम को अपनाया।

भाषा की मर्यादा भूली, ओछी बातों का तब जाल बिछाया।

एक देश एक कर का नारा, जीएसटी से आर्यावर्त मथ डाला।

सरल हुई कर प्रणाली, आर्थिक क्रांति का नाम दे डाला।

महाबाघ ने स्वास्थ्य हेतु, आयुष्मान योजना को दिया नाम।

गरीबों को बीमा मिला, इलाज हुआ अब आसान।

पाँच लाख तक खर्च दिया, निःशुल्क उपचार की राह खुली।

अस्पताल के द्वार खुले, सर्जरी की चिंता टली।

यह विश्व की सबसे बड़ी योजना, स्वास्थ्य सुरक्षा का मार्ग गढ़ा।

जन-धन के संग जुड़कर इसने, कल्याण का परचम चढ़ा।

जन आरोग्य योजना से, गरीबों को रोग का भय दूर हुआ।

स्वास्थ्य सुविधा सुलभ हुई, जन-जन का कल्याण हुआ।

अंतर्राष्ट्रीय सौर गठबंधन बना, वैश्विक मंच पर नाम किया।

आर्यावर्त ने पहल की, पर्यावरण संरक्षण का एहतराम किया।

पर्यावरण और ऊर्जा सुरक्षा हेतु, कूटनीति का काम किया।

वैश्विक मंचों पर तब, आर्यावर्त का ऊंचा नाम किया।

विकसित होने की होड़ में, 'हरा-चादर' तब सिमट गया।

नदी, जंगल, पर्वत पर, 'विकास-राक्षस' तब लिपट गया।

आर्यावर्त के महानगरों में देखो, 'वायु-विष' से श्वास रुका।

'कोयला-धुआँ' और 'जल-सूख' से, जीवन का मार्ग झुका।

'जलवायु-ताप' का कहर चला, मौसम ने तब रंग बदला।

कभी सूखा, कभी जल-प्रलय, प्रकृति ने तब दाँव चला।

'विश्व-मंच' पर आवाज़ उठी, 'हरित-रक्षक' तब जगे।

'धरित्री-प्रेम' का मंत्र जपा, नव-पीढ़ी में आस जगे।

'अंतर्राष्ट्रीय सौर गठबंधन' के संग, 'सूर्य-शक्ति' को अपनाया।

'ऊर्जा-यज्ञ' से तब देखो, पर्यावरण ने बल पाया।

तृतीय कपोत ने गुजरात में, बाघों को कड़ी टक्कर दे डाली।

हालांकि सत्ता ना हाथ लगी, पर अपनी ताकत खूब बढ़ा ली।

तृतीय कपोत ने राजस्थान, छत्तीसगढ़ में, कपोतों को दी जीत।

बाघों के गढ़ में सेंध लगाई, मिली सत्ता की नई प्रीत।

नीरव मोदी देश से भागा, बाघों की सरकार पर लगा दाग।

पीएनबी घोटाला हुआ जगजाहिर, विपक्ष में मच गया राग।

अर्थव्यवस्था राह दोहरी, धनवान और गरीब का बढ़ा फासला।

कल्याणकारी योजनाओं के बावजूद, बेरोजगारी भय न टला।

महाबाघ का संकल्प महान, पर आय-समानता का संघर्ष रहा।

विकसित राष्ट्र की राह कठिन, वित्तीय-न्याय' का प्रश्न खड़ा।

तृतीय कपोत ने चौकीदार चोर नारे से, मानहानि चोट खाई।

राफेल सौदे में आरोप लगाए, सुप्रीम कोर्ट में मुँह की खाई।

'अर्धचँद्री' पर हवाई हमला किया, बालाकोट में लिया इंतकाम।

पुलवामा के शहीदों का बदला, बाघों ने किया यह काम तमाम।

अनुच्छेद 370 को तोड़ा, "पीर वेर" को सीमा में समेट दिया।

पीर वेर का विशेष दर्जा खत्म, इतिहास का पन्ना मोड़ दिया।

अनुच्छेद 370 का जब, महाबाघ ने अंत किया।

"पीर वेर" और लद्दाख को, नई पहचान तब दिया।

लद्दाख ने केंद्र शासित का, दर्जा अपना हासिल किया।

चीन सीमा पर भू-भाग को, इंद्रप्रस्थ से सीधा बल मिला।

स्थानीय लोगों की माँग थी, अपनी संस्कृति का मान किया।

विकास की नई राह खुली, पर्यटन को अधिकार दिया।

हिमालयी क्षेत्र का महत्व बढ़ा, राष्ट्रीय सुरक्षा का विषय रहा।

भूगोल बदला, सत्ता बदली, इतिहास का नया दौर चला।

कपोत कुमार ने अखिलेश-बहन के, साथ से चुनावी जाल बुना।

दीदी-लालू की आशा जगी, सोचा सत्ता का हो नया गुना।

उत्तर प्रदेश की राजनीति में, बुआ-भतीजे का साथ हुआ।

समाजवादी और नीले दल का, नया गठबंधन शुरू हुआ।

सत्ता के समीकरण बदले, नया दांव तब खेला गया।

जातिगत गणित बिठाकर, चुनावी मैदान नापा गया।

नीले दल का हाथी दौड़ा, साइकिल संग मिल गया।

जनता के जनादेश से, यह गठबन्धन भी हिल गया।

दोनों की राहें जुदा हुईं, राजनीति का रंग बदल गया।

अपने-अपने रास्ते चुनकर, फिर से संघर्ष छिड़ गया।

युवा कपोत ने आस जगाई, "न्याय" के वादों का दामन थामा।

सत्ता में वापसी की खातिर, राजनीती में हुआ नया हंगामा।

पर महाबाघ की लहर प्रबल थी, विपक्ष का सपना चूर हुआ।

गठबंधन का गणित बिगड़ा, हार का चेहरा तब मशहूर हुआ।

पूर्ण बहुमत से फिर आए बाघ, क्षेत्रीय क्षत्रप का मान घटा।

लालू पुत्र का जादू न चला, विरासत का जोर भी फीका पड़ा।

मजलिस की ध्रुवीकरण नीति, केवल एक पक्ष को लाभ हुआ।

महाबाघ की सत्ता फिर आई, पर विपक्ष बहुत बलवान हुआ।

बाघों की सरकार बनी, पर बहुमत वाला अभिमान गया।

गठबंधन की मजबूरियों से, शक्ति का तब नया रूप दिखा।

महाबाघ का पाँच ट्रिलियन डॉलर सपना, अब तक रहा अधूरा।

अर्थव्यवस्था की राह कठिन, लक्ष्य को पाकर करना है पूरा।

चक्रवात और बाढ़ का कहर चला, तटीय राज्यों पर दुख पड़ा।

प्रकृति तांडव से जीवन अस्त-व्यस्त, राहत का इंतज़ार खड़ा।

तृतीय श्वेत कपोत अमेठी हारा, केरल से नया रिश्ता बना लिया।

वायनाड से चुनाव लड़ा, संसद में फिर से स्थान पा लिया।

कॉ और एनआरसी आंदोलन से, नागरिकता पर बहस छिड़ी।

शाहीन बाग में धरना चला, एकता की आवाज़ उमड़ पड़ी।

रणभूमि में वीर लड़े, पीछे हटना धर्म नहीं।

आर्यावर्त की आन रही सर्वोपरि, शौर्य रहा कम नहीं।

देश का वीर सिपाही था, सीमा का पहरा तब दिया।

चौकी पर झंडा लहराया, शत्रु को ललकार दिया।

कमांडेंट ने आदेश दिया, चौकस रहने को कहा गया।

धोखेबाज़ ड्रैगन से, गहरा घात तब सहा गया।

सलूट मारके अटैंशन था, पलक न झपकाने को ठानी थी।

कर्तव्य पथ पर डटे रहे, बात यह सत्य जानी थी।

कमांडर ने ड्रैगन कैंप में, विश्वास कर धोखा तब खाया।

बिन हथियार की बात चली, पर छल का परिणाम पाया।

धक्का-मुक्की झगड़ा हुआ, निहत्था ही दला गया।

एक वीर बीस गीदड़ों पर, अकेले ही टूट पड़ा।

माँ भारती के बीस लाल फिर, दुश्मन के सामने अड़े।

लठ-डंडों का किया सामना, सीना तानकर हुए खड़े।

भर-भर कौळी नाड़ तोड़ दी, सब ड्रैगन सर्प ठंडे हो गए।

कुछ मारे, कुछ नदी में गिरे, दहशत से चिरनिद्रा सो गए।

ड्रैगन संग गलवान में युद्ध हुआ, श्वेत कपोतों ने बाघों को घेरा।

बीस जवान शहीद हुए, आर्यावर्त ने बदला लेने का प्रण किया।

कोरोना ने किया आर्यावर्त बंद, महाबाघ ने लॉकडाउन किया।

घर में कैद हुई सारी जनता, महामारी का सामना किया।

दौर चला दूजी लहर का, प्राणवायु की कमी हुई।

पूरा देश स्तब्ध रह गया मानो सबकी ज़िंदगी थमी हुई।

अस्पतालों में हाहाकार मचा, लाशों का ढेर लग गया।

गाँव, शहर, चौक-चौराहे, अस्पताल, कोरोना रोग लग गया।

बाघों ने फिर वैक्सीन बांटी, एक अरब का दिया उपहार।

विश्व का सबसे बड़ा टीकाकरण, मानव जाति का उपकार।

फार्म कानून को बाघों ने वापस लिया, किसानों ने विरोध किया।

किसान आंदोलन की जीत हुई, सरकार को झुकना पड़ा।

किसान जगे, बघेरे और तुरंग संग, बाघों के नियम को गिराया।

हरियाणा-बिहार की ताकत दिखी, इन्द्रप्रस्थ को झुकना पड़ा।

अग्निपथ योजना पर हुआ विरोध, युवाओं ने हल्ला बोल दिया।

ट्रेनों में आग लगाई, सरकार को झुकने पर मजबूर कर दिया।

तृतीय कपोत ने आर्यावर्त जोड़ो, पैदल यात्रा की करी शुरुआत।

नफ़रत के बाज़ार में कपोत ने, मोहब्बत की बिछा दी बिसात।

'तृतीय कपोत' ने फिर साहस किया, यात्रा का संकल्प निभाया।

नफरत के बाजार में मोहब्बत, संदेश जन-जन तक पहुँचाया।

विपक्ष ने लोकतंत्र की ख़ातिर, सड़कों पर संघर्ष किया।

'जनता की आवाज़' बनकर, सत्ता को चुनौती दिया।

वैश्विक परिषद अध्यक्षता मिली, वसुधैव कुटुंबकम् मंत्र दिया।

एक पृथ्वी, एक परिवार, एक भविष्य, दुनिया को पथ दिया।

अफ्रीकी संघ को स्थान दिया, वैश्विक नेतृत्व का प्रमाण दिया।

जी-20 में शामिल कर सबका साथ सबका विकास किया।

राम मंदिर वादा पूरा हुआ, बाघों को मिला सबसे बड़ा इनाम।

सदियों का इंतजार खत्म हुआ, अयोध्या में गूंजा जय श्री राम।

राम मंदिर के उद्घाटन पर, चुनिन्दा लोगों को ही बुलाया गया।

विपक्ष ने निमंत्रण ठुकराया, राजनीति का दांव चलाया।

विज्ञान की शक्ति दिखी, जब चंद्रयान-3 ने उड़ान भरी।

इसरो ने मेहनत की, चतुर्थ राष्ट्र ने कामयाबी वरी।

विक्रम लैंडर उतरा तब, दक्षिणी ध्रुव का द्वार खुला।

प्रज्ञान रोवर ने चल कर, अंतरिक्ष में इतिहास गढ़ा।

पूरी दुनिया ने मान दिया, आर्यावर्त का नाम बढ़ा।

कम लागत में यह हुआ सफल, विज्ञान का सस्ता मार्ग दिखा।

युवा शक्ति को प्रेरणा मिली, टेक्नोलॉजी का ज्वार चढ़ा।

तिरंगे ने चाँद पर मान बढ़ाया, नवयुग का आगाज़ गढ़ा।

मणिपुर भूमि पर जातीय हिंसा से, विस्थापन का संताप हुआ।

कुकी-मैतेई के बीच झगड़ा बढ़ा, शांति प्रयासों का ह्रास हुआ।

महाबाघ की प्रबल लहर में भी, विपक्ष बलवान हुआ।

गठबंधन 'इंडिया' बनाकर, सत्ता को कड़ा मुकाबला दिया।

लोकतंत्र में विपक्ष ज़रूरी, यह विधान का सम्मान रहा।

विरोध का स्वर गूंजता रहा, 'उत्तरदायित्व' का मार्ग गढ़ा।

इंडिया नामक विपक्षी गठबंधन बना, महाबाघ को ललकारा।

एकजुट हुए दीदी-केजरीवाल, जनता ने उम्मीदों को संवारा।

तृतीय कपोत की यात्रा से अलख जगी, अखिलेश से मेल हुआ।

बहन जी का हाथी चला अकेला, वोट कटने का खेल हुआ।

चुनावी रण में महाबाघ ने, 'मंगलसूत्र' को प्रमुख मुद्दा किया।

श्वेत कपोतों पर आरोप लगा, विपक्ष का मन फेर दिया।

जनता ने फिर दिया मौका, पर गठबंधन ने दम भरा इस बार।

महाबाघ की सत्ता फिर आई, पर विपक्ष बहुत बलवान हुआ।

विपक्ष का नेता बनकर, 'तृतीय कपोत' ने नया संकल्प लिया।

लोकतंत्र की नींव सुदृढ़ की, 'संवैधानिक मर्यादा' का बल दिया।

रायबरेली सीट चुनी, संसद में विपक्ष का पद पाया।

नए उत्तरदायित्व के साथ, जन-जन का भरोसा जगाया।

महाबाघ ने मंगलसूत्र राजनीती पर, श्वेत कपोतों को घेर लिया।

चुनावी मौसम में मुद्दे बदले, विपक्ष का मुंह फेर दिया।

स्वतंत्रता की पचहत्तर वर्षगांठ, महाबाघ ने अमृत काल कहा।

संकल्प की शक्ति से, विकसित आर्यावर्त का मार्ग गढ़ा।

अगले पच्चीस वर्षों में, ज्ञान-विज्ञान का शिखर छूना है।

विरासत का मान बढ़े, गुलामी की सोच को धोना है।

युवा शक्ति को मिले अवसर, नारी सम्मान का काम हुआ।

भविष्य के लक्ष्यों को साधा, आर्थिक विकास का नाम हुआ।

पंच-प्रण ले देश चला, राष्ट्रीयता का भाव जगा।

विकसित राष्ट्र की राह चली, आर्यावर्त का भाग्य उगा।

महाबाघ ने ऑपरेशन सिंदूर चलाया, ड्रोन से हुआ करारा वार।

सीमा पार से घुसपैठ रुकी, सुरक्षा बलों ने किया प्रहार।

स्वतंत्रता की पचहत्तर वर्षगांठ पर, महाबाघ ने आवाहन किया।

'हर घर तिरंगा' अभियान से, राष्ट्रीय प्रेम का भाव जगा।

कोने-कोने में तब लहराया, तीन रंगों का मान बढ़ा।

राष्ट्रध्वज के तले सब जुटे, एकता का संवाद गढ़ा।

शहीदों का तब स्मरण हुआ, आज़ादी का पर्व चला।

जन-जन के मन में उत्साह भरा, देशभक्ति का अर्थ फला।

जाति-धर्म की सीमा मिटी, राष्ट्रीय गौरव की राह बही।

तिरंगे के संग आर्यावर्त, अखंडता की बात कही।

टोक्यो में नीरज का भाला, एथलेटिक्स में स्वर्ण लाया।

100 साल का इंतजार, आर्यावर्त ने पहला पदक पाया।

ट्रैक और फील्ड में तब, देश का गौरव महान हुआ।

विश्व पटल पर तिरंगा फहराया, सेना का मान हुआ।

युवा शक्ति का प्रतीक बना, मेहनत का फल तब मिला।

हरियाणा की धरती से, विश्व को परिणाम फला।

जय हिंद की ध्वनि गूंजी, एशिया का नाम बढ़ा।

राष्ट्रगीत का सुर ऊँचा हुआ, नवयुग का द्वार गढ़ा।

पैरालिंपिक में तब हुआ चमत्कार, 19 पदकों का ढेर लगा।

दिव्यांग ने पराक्रम दिखाया, देश का गौरव महान हुआ।

अवनी लखेरा का निशाना चला, स्वर्ण कांस्य का मान मिला।

भाला और ऊँची कूद में, आस्था का नव-निर्माण हुआ।

यह अदम्य साहस की गाथा, संघर्ष का परिणाम दिखा।

हार को जीत में बदला, युवाओं का मार्ग दिखा।

विकलांगता की सीमा टूटी, आत्मबल की ज्योति जली।

समावेशी आर्यावर्त का सपना, 2020 में सफल फली।

ए आसफ़ अली स्वतंत्रता सेनानी, क्रांति का झंडा उठाया।

वीरांगना ने संग्राम लड़ा, आर्यावर्त को बल तब पाया।

ए.पी.जे. कलाम मिसाइल मैन, विज्ञान का डंका बजाया।

राष्ट्रपति के पद पर, बच्चों को स्वप्न दिखाया।

एम.एस. सुब्बुलक्ष्मी कर्नाटक संगीतज्ञ, मीरा की भक्ति गायी।

संगीत से विश्व जीता, आर्यावर्त की कला बढ़ाई।

चिदंबरम सुब्रमण्यम हरित क्रांति से, कृषि को नया मान दिया।

देश को अन्न में आत्मनिर्भर किया, भूख का संकट दूर किया।

जयप्रकाश नारायण लोकनायक, संपूर्ण क्रांति का मार्ग चुना।

कपोती महारानी की सत्ता को हिलाया, राजनीति में न्याय बुना।

पंडित रवि शंकर ने सितार से, विश्व को संगीत सिखाया।

ग्रैमी से भारत रत्न तक, कला का उत्थान कराया।

अमर्त्य सेन नोबेल से अर्थशास्त्री थे, कल्याण का सिद्धांत दिया।

विकास और गरीबी पर, दुनिया को नया ज्ञान दिया।

गोपीनाथ बोरदोलोई असम निर्माण में, सेवा का भाव जगाया।

पहला मुख्यमंत्री बनकर, पूर्वोत्तर को सम्मान पाया।

लता मंगेशकर 'स्वर कोकिला', छह दशक तक गीत गाए।

संगीत की देवी थीं, देश को अविस्मरणीय आवाज़ दिए।

उस्ताद बिस्मिल्लाह खान की शहनाई, कला का मान बढ़ाया।

गंगा और काशी से प्रेम किया, हिंदू-मुस्लिम एकता दिखाया।

भीमसेन जोशी शास्त्रीय गायक, किराना घराना का बल बढ़ा।

पद्मश्री से भारत रत्न तक, संगीत का मार्ग गढ़ा।

सी.एन.आर. राव वैज्ञानिक योगदान, देश को ऊँचा स्थान दिया।

शोध और नवाचार में, शिक्षा का आधार दिया।

सचिन तेंदुलकर क्रिकेट का देवता, जन-जन का प्यार पाया।

सबसे कम उम्र में सम्मान मिला, खेल को गौरव दिलाया।

अटल जी राष्ट्रकवि और नेता थे, गठबंधन को बल दिया।

पोखरण से शिखर तक, देश को नया संस्कार दिया।

मदन मोहन मालवीय के बीएचयू से, शिक्षा का द्वार खुला।

महामना ने ज्ञान दिया, आदर्शों का फूल फूला।

प्रणब दा ने वित्त संभाला, देश को समृद्धि दी।

नानाजी ने सेवा का दीप जलाया, भूपेन ने संगीत में कीर्ति ली।

जननायक कर्पूरी का संघर्ष, आडवाणी ने राष्ट्रभक्ति सिखाई।

राव ने आर्थिक क्रांति की, चौधरी ने किसान आवाज़ उठाई।

स्वामीनाथन ने हरित क्रांति लाई, अन्न का भंडार भरा।

2024 में पाँच को सम्मान मिला, इतिहास का अध्याय मरा।

सेवा क्षेत्र ने अर्थ को थामा, ज्ञान और बुद्धि का बल दिखाया।

वैश्वीकरण के इस दौर में, आर्यावर्त ने नया नाम कमाया।

सॉफ्टवेयर, सलाह का काम बढ़ा, विश्व को नेतृत्व सिखाया।

भारतीय प्रतिभा ने परचम लहराया, आईटी का मान बढ़ाया।

यूपीआई से लेन-देन हुआ, नकदी की समस्या हुई दूर।

यूपीआई का डंका बजा, विश्व में हो गई मशहूर।

यूनिकॉर्न की दौड़ चली, स्टार्टअप ने बाज़ार को मोड़ा।

सरपट बुल्ल भाग लिया, अर्थव्यवस्था का दौड़ा घोडा।

आर्यावर्त के चिकित्सालयों में, मानवता का दीप बुझा।

धन के लालच और अहंकार ने, सेवा का भाव दूर किया।

वारिस के लालच में छोरी को, कोख में ही मार दिया गया।

घोर असंतुलन हुआ क्षेत्रों में, अब दुल्हन खरीदने की रीत चली।

बेटी बचाओ अभियान की तब, समाज में नई रीत पली।

यही आर्यावर्त की गाथा है, संघर्ष का परिणाम मिला।

इतिहास के हर मोड़ पर, देश को नया मुकाम मिला।

सीपैक गलियारा ड्रैगन ने, संप्रभुता का उल्लंघन किया।

अर्धचँद्री अधिकृत पीर वेर से गुज़रा, आर्यावर्त ने विरोध किया।

सौदों पर ईगल प्रतिबंध लगा, भालू अर्धचँद्री मैत्री से चिंता बढ़ी।

आर्यावर्त ने कूटनीतिक चाल चली, ईगल कांग्रेस से छूट मिली।

महाबाघ हुँकारा परमाणु धमकी को आर्यावर्त अब सहता नहीं।

छेड़ोगे तो छोड़ूँगा नहीं, बेमतलब किसी को कुछ कहता नहीं।

महाकाव्य का उपसंहार: राष्ट्र रथ की अमर यात्रा

तब मार्जरिका उवाच, सुन मेरे बच्चों और नभ-सारथी।

यात्रा तो पूर्ण हुई, किंतु सतत है राष्ट्र जागृति।

स्वतंत्र विकसित भारत की गौरव गाथा सुनाऊँगी।

भारत के मौजूदा राज्यों की अद्भुत महिमा गाऊँगी।

देख, भारत की विजय-ध्वनि, हर कोने से आती।

जिनके तेज से प्रकाशित होती है यह धरती।

उत्तरापथ का भाल, हिमाचल की शान।

देवभूमि, जहाँ ऋषियों का है ज्ञान।

पंजाब की धरती, जहाँ शौर्य की धारा।

खेतों में है सोना, कृषक सबसे प्यारा।

दिल्ली का सिंहासन, न्याय का प्रमाण।

राष्ट्र का केंद्र है, जहाँ विधान महान।

विराट साम्राज्य खड़ा, राम-कृष्ण की भूमि।

राजनीति का केंद्र यह, हर युग की महा-धुनि।

गंगा-यमुना का आशीष, अर्थ का नया आयाम।

युगों से नेतृत्व की थाती, इसका विस्तृत नाम।

अर्थ-गरुड़ की शक्ति, यह पश्चिमी द्वारपाल महान।

माया का सिंहासन यहाँ, जहाँ धन का विधान।

छत्रपति का गौरव बसे, घाटों का है अटल ज्ञान।

देश की अर्थ-व्यवस्था का है, यह उद्योग का विशाल स्थान।

मगध का गौरव है यह, ज्ञान का प्रथम उद्गम।

जहाँ बुद्ध और महावीर ने दिया सत्य का संबल।

राजनीति की कर्मभूमि, जहाँ जागृति का है दम।

पाटलिपुत्र की नींव पर, इतिहास रहा अचल।

हुगली का सेतु खड़ा, संस्कृति का यह अभिमान।

जहाँ काली की भूमि पर, ज्ञानियों का है विधान।

जागरण की क्रांति जन्मी, संघर्ष का अटल प्रणाम।

यह पूरब का द्वारपाल, जिसकी प्रतिभा महान।

द्रविड़ का सिंह गरजता, सागर जिसका रक्षक।

सनातन की कला यहाँ, मंदिर जिसका परीक्षक।

भाषा का स्वाभिमान है, राजनीति का है चक्र।

यह दक्षिण की शक्ति-सत्ता, ज्ञान का प्रबल अर्क।

अर्थ-गरुड़ उड़ रहा, यह व्यापारियों का है क्षेत्र।

सागर जिसका मित्र बना, हर बंदरगाह है नेत्र।

औद्योगिक क्रांति का बीज, विकास का है प्रमाण।

यह कच्छ से काठियावाड़ तक, फैला शक्ति का महान।

सिलिकॉन का शिखर है यह, तकनीक का है अभिलेख।

जहाँ कृष्णा की धारा बहे, शिल्प का है विवेक।

सूचना की राजधानी, बदलती युग की तस्वीर।

यह चट्टान और चंदन का राज्य, ज्ञान में है अमीर।

यह सूर्यवंशी किला है, गौरव जिसकी अटल नींव।

जहाँ मरुभूमि का साहस, वीरों की अमर जीव।

मेवाड़ का इतिहास गूँजे, शौर्य का उच्च विधान।

यह थार की पावन भूमि, जिसका रणबाँकुरा नाम।

यह भारत का हृदय-स्थल, प्राण इसका अटल धाम।

जहाँ विंध्य की कंदराएँ, कहतीं सत्ता का हर नाम।

नर्मदा की अमर-धारा, देती जीवन का वरदान।

यह वन-संपदा का स्वामी, जिसका अद्भुत है विधान।

यह कृष्ण की धारा है, गोदावरी का स्नेह-गान।

तटीय शक्ति का केंद्र यह, जहाँ बंदरगाह महान।

अन्न-कोष की संपदा, ज्ञान का है सबल प्रमाण।

यह नव-राज्य का उदय है, विकास का नया विधान।

कलिंग का शौर्य जागा, समुद्र जिसका अंग।

जहाँ कोणार्क का तेज बरसे, इतिहास रहा संग।

यह खनिज की खान है, संस्कृति का नृत्य-गान।

यह चक्र का शक्ति-केंद्र, जिसका विश्व में मान।

चारमीनार का नवोदय, नया जिसका नाम।

यह दक्कन की विरासत, जहाँ ज्ञान का विश्राम।

कृष्णा की धारा यहाँ, गोदावरी का संगम।

सॉफ्टवेयर की शक्ति बढ़े, उद्यम जिसका नया रंग।

अरब का स्वर्ग यह, सागर जिसका आँगन।

जहाँ साक्षरता का दीपक, करे अज्ञान का हनन।

यह मसालों की भूमि है, स्वर्ण-व्यापार का धाम।

यह स्वास्थ्य और शिक्षा में अग्रणी, पुण्य इसका महान नाम।

यह ब्रह्मपुत्र का कवच, पूर्वी भारत का द्वार।

जहाँ अहोम का इतिहास बोले, अमर है यह संसार।

चाय की खुशबू फैली, यह कृषि का है वरदान।

यह शक्ति और सौंदर्य का संगम, अद्वितीय है यह स्थान।

यह पंचनद की भूमि, जहाँ बहादुरी का नाम।

कृषकों का यह स्वर्ण-क्षेत्र, जहाँ मिलता विश्राम।

गुरुओं का प्रकाश यहाँ, सीमा का यह रक्षक वीर।

हर चुनौती को चीर दे, शौर्य जिसका गहरा नीर।

यह कुरुक्षेत्र का क्षेत्र, जहाँ गीता का है गान।

अन्न-उत्पादक भूमि यह, शौर्य जिसका महान स्थान।

खेलों में है अग्रणी, यह वीरता की पहचान।

दिल्ली का है द्वारपाल, विकास का है विधान।

यह देवभूमि का शिखर, जहाँ गंगा का है वास।

हिमालय की गोद में, हर मंदिर का उल्लास।

चार धाम की पुण्य यात्रा, प्रकृति का अद्वितीय रूप।

यह औषधि और शांति का घर, पर्वत जिसका मजबूत कूप।

यह हिमगिरि का ताज है, शांत जिसका हर धाम।

जहाँ जलधारा की शक्ति, करती विकास का काम।

देवताओं की भूमि यह, पर्यटन का धाम महान।

सेब की खुशबू फैली, यह प्रकृति का अटल विधान।

यह धान का कटोरा, वन जिसका अमूल्य कोष।

जहाँ इंद्रावती की धारा, करे जीवन का घोष।

यह खनिज की खान है, शक्ति-उत्पादन का नाम।

यह आदिवासी संस्कृति का घर, जिसका विस्तृत है धाम।

यह खनिज-वन का राज्य है, प्रकृति का अटल विधान।

जहाँ जनजातीय संस्कृति, है जीवन का महान स्थान।

कोयला जिसकी शक्ति, उद्योग का आधार बना।

यह सोना और उर्वरक की भूमि, विकास का नया तना।

यह गहनों की भूमि है, संगीत जिसका नाद।

जहाँ झील का कमल खिले, प्रकृति का शुद्ध स्वाद।

यह पोलो का जन्मस्थल, खेल की है शान बड़ी।

मणिपुरी नृत्य की धारा, संस्कृति की है पुष्प-कड़ी।

यह बादलों का घर है, बरखा जिसकी रानी।

जहाँ खासी की परम्परा, कहती सदियों पुरानी।

यह चेरापूंजी का गौरव, जल जिसकी असीम शक्ति।

यह जीवित पुलों की भूमि, प्रकृति की दिव्य भक्ति।

यह तिप्रा का द्वार है, तीन ओर से घेरा।

जहाँ उज्जयंता का महल, फैलाता नया सवेरा।

बाँस और लकड़ी की कला, हस्तशिल्प का महान धाम।

यह पूर्वी भारत का रत्न, जिसका अद्भुत है नाम।

यह योद्धाओं की भूमि है, जनजाति का गहन मान।

जहाँ हॉर्नबिल का पर्व सजे, संस्कृति का शानदार ज्ञान।

नागा की धुनों में शक्ति, वीरता की है पहचान।

यह पूर्वी शिखर का रक्षक, अखंड जिसका विधान।

ये पर्वतों के लोग हैं, शांति जिनका अंग।

जहाँ साक्षरता का परचम, हर घर के है संग।

बैम्बू नृत्य का उन्माद, संस्कृति का शानदार ज्ञान।

यह उगते सूरज की भूमि, पूर्व का है द्वार।

जहाँ प्रकृति का अद्भुत सौंदर्य, बरसे शांति का सार।

बौद्ध मठों की छाया यहाँ, पर्वत जिसका ऊँचा नाम।

यह मेघों से है संवाद, भारत का पहला धाम।

हरित वन की भूमि है, विकास का नया विधान।

यह हिमालय का हृदय, पवित्र जिसका धाम।

जहाँ कंचनजंगा का गौरव, ईश्वर का अटल नाम।

यह जैविक खेती का आदर्श, स्वच्छता का है ज्ञान।

यह बौद्ध और प्रकृति का संगम, शांति का महान स्थान।

यह पुर्तगाल का तट है, सागर जिसका द्वार।

जहाँ इतिहास और आधुनिकता, दिखते आर और पार।

यह मनोरंजन का केंद्र, पर्यटन का है महान नाम।

मंडोवी का जल बहता, यह खुशियों का स्वर्ण-धाम।

यह इंद्रप्रस्थ का सिंहासन, राज्यों का अटल विधान।

जहाँ इतिहास गूँजता, यह शक्ति का महान स्थान।

लाल किला और कुतुब मीनार, संसद जिसका गौरव नाम।

यह भारत का हृदय-स्थल, जहाँ विकास करे विश्राम।

यह धरती का स्वर्ग है, शिखर जिसका अटल विधान।

जहाँ झील और पहाड़ मिलें, प्रकृति का महान स्थान।

यह अमरनाथ की भूमि है, वैष्णोदेवी का पुण्य नाम।

केसर और सेब की खुशबू, करे भारत का मान।

यह दर्रों की भूमि है, पर्वत जिसका आधार।

जहाँ शीत रेगिस्तान में, बौद्ध मठों का सार।

पांगोंग की झील चमके, यह शून्य का दिव्य नाम।

यह साहस और अध्यात्म का घर, ऊँचा जिसका धाम।

यह फ्रेंच रिवेरा, नीला जिसका है सागर।

जहाँ फ्रांसीसी विरासत, दिखती घर और नगर।

यह अरबिंदो का धाम, योग की है महान राह।

यहाँ शांति का असीम अनुभव, स्वच्छ इसकी है चाह।

यह सिटी ब्यूटीफुल है, ले कॉर्बूसियर का ज्ञान।

जहाँ कला और योजना, देती शहर को महान स्थान।

यह पंजाब और हरियाणा, दोनों की है राजधानी।

यह खुले हाथ का शहर है, सुंदरता की कथा पुरानी।

यह ब्लैक वॉटर का क्षेत्र है, सागर जिसका विस्तार।

जहाँ सेलुलर जेल की कहानी, करती शौर्य का उच्चार।

नीले जल के द्वीप ये, प्रकृति का अपूर्व धाम।

यहाँ आदिवासी रहते, भारत को करते प्रणाम।

यह एक लाख द्वीप है, प्रवाल जिसका ताज।

जहाँ नीला समुद्र चमके, शुद्ध वातावरण का राज।

यह स्कूबा और जलक्रीड़ा का घर, पर्यटन का है धाम।

यह अरब सागर का मोती, जिसका शांत है नाम।

यह पुर्तगाली त्रिकोण है, इतिहास जिसका द्वार।

जहाँ दमण का शांत सागर, करे दीव से उच्चार।

यह उद्योग का केंद्र बना, विकास का है महान धाम।

हरे वन और तटों की भूमि, जिसका अद्‌भुत है नाम।

आज 'इंद्रप्रस्थ' का विमर्श देखो, 'गठबंधन-रथ' पर है सवार।

'श्वेत कपोत' और 'महाबाघ' दोनों, अपनी राह पर हैं तैयार।

सत्ता की यह शाश्वत लीला, चलती रहेगी काल के संग।

पक्ष-विपक्ष की यह है कहानी, पर राष्ट्र का है एक ही रंग।

न्याय-शीर्ष पर टिकी है आँखें, 'लोकतंत्र-दीप' की जोत न बुझे।

'अर्थ-गरुड़' की उड़ान जारी, 'विकास-पथ' पर दृष्टि न झुके।

'संविधान-शिल्पी' के स्वप्न को, हर नागरिक को है संवारना।

'सत्यमेव जयते' के पथ को, आने वाली पीढ़ी को है तारना।

जलवायु-ताप और 'सीमा-संघर्ष', अनिश्चितता का है यह काल।

तकनीक की यह नई चुनौती, है भूमंडलीकरण का है जाल।

पर आर्यावर्त की चेतना देखो, सदियों से जो है अटल खड़ी।

हर संकट को पार किया इसने, इसकी नींव है बहुत बड़ी।

यह गाथा समाप्त नहीं हुई, यह तो सतत संघर्ष का गान है।

यह कथा हर उस नागरिक की है, जिसे राष्ट्र पर अभिमान है।

कपोत बदले या फिर बाघ, शासन बदले या विधान।

पर राष्ट्र का रथ चलता रहेगा, जब तक धरती पर है प्राण।

आदिकाल से आरंभ हुई यह, अनंत काल तक जारी रहेगी।

अमर राष्ट्र की यह यात्रा, पीढ़ी दर पीढ़ी बोलती रहेगी!

जय हिन्द!

(इति)

परिशिष्ट I : महाकाव्य का 'सम्पूर्ण प्रतीक-कोष' (198 एकीकृत प्रतीक)

क्रम	काव्य-नाम (प्रतीक)	प्रतिनिधित्व (ऐतिहासिक एवं साहित्यिक संदर्भ)
I	**प्राचीन आर्यावर्त**	**(0 से मध्यकाल तक)**
1.	आर्यावर्त	प्राचीन भारत / अखंड हिंदुस्तान की भौगोलिक एवं सांस्कृतिक पहचान।
2.	सिंधु की नगरी	हड़प्पा और मोहनजोदड़ो की सभ्यता (शहरी नियोजन का प्रतीक)।
3.	वैदिक ज्योति	वेद और उपनिषद (प्राचीन ज्ञान और दर्शन की नींव)।

क्रम	काव्य-नाम (प्रतीक)	प्रतिनिधित्व (ऐतिहासिक एवं साहित्यिक संदर्भ)
4.	गार्गी	स्त्री विद्वत्ता, मेधा और शास्त्रार्थ की शक्ति का प्रतीक।
5.	धम्म मार्ग	सम्राट अशोक द्वारा प्रचारित शांति, अहिंसा और सामाजिक समरसता।
6.	संगम सुगंध	चेर, चोल, पांड्य और प्राचीन तमिल साहित्य का संगम।
7.	तिरुवल्लुवर	तमिल भूमि का महान नैतिक और जीवन दर्शन (थिरुक्कुरल)।

क्रम	**काव्य-नाम (प्रतीक)**	**प्रतिनिधित्व (ऐतिहासिक एवं साहित्यिक संदर्भ)**
8.	स्वर्ण युग	गुप्त काल (कला, गणित और विज्ञान के चरमोत्कर्ष का काल)।
9.	शून्य प्रदाता	आर्यभट्ट (भारतीय गणितीय मेधा जिसने विश्व को दिशा दी)।
10.	कवि-कुल-गुरु	महाकवि कालिदास (संस्कृत साहित्य की वैश्विक अभिव्यक्ति)।
11.	नीति-कथाकार	विष्णु शर्मा और नारायण पंडित (पंचतंत्र और हितोपदेश)।
12.	शल्य-शिल्पी	सुश्रुत (प्राचीन शल्य चिकित्सा और आयुर्वेद के जनक)।

क्रम	काव्य-नाम (प्रतीक)	प्रतिनिधित्व (ऐतिहासिक एवं साहित्यिक संदर्भ)
13.	अष्टाध्यायी / योग-सूत्र	पाणिनी (व्याकरण) और पतंजलि (योग दर्शन) की मेधा।
14.	द्रव्य-दृष्टा	ऋषि कणाद (वैशेषिक दर्शन और परमाणु सिद्धांत के जनक)।
15.	अद्वैत भास्कर	आदि शंकराचार्य (सनातन पुनरुद्धार की शक्ति)।
16.	ग़द्दारी का बीज	जयचंद (विश्वासघात और आपसी फूट का ऐतिहासिक प्रतीक)।
17.	गंगा-जमुनी रंग	अमीर खुसरो और सूफी संतों द्वारा निर्मित साझा संस्कृति।

क्रम	काव्य-नाम (प्रतीक)	प्रतिनिधित्व (ऐतिहासिक एवं साहित्यिक संदर्भ)
18.	सुलह-ए-कुल	सम्राट अकबर की धार्मिक समन्वय और सहिष्णुता की नीति।
19.	मेवाड़ का स्वाभिमान	महाराणा प्रताप (अजेय संघर्ष और स्वतंत्रता की लौ)।
20.	इंद्रप्रस्थ	दिल्ली / सत्ता का मुख्य केंद्र (महाभारत काल से अब तक)।
21.	ज़िन्दा पीर	औरंगज़ेब (कट्टरता और साम्राज्य के पतन का आरंभ)।
22.	सर्वोच्च संप्रभु	छत्रपति शिवाजी महाराज (मराठा गौरव और कूटनीति)।

क्रम	**काव्य-नाम (प्रतीक)**	**प्रतिनिधित्व (ऐतिहासिक एवं साहित्यिक संदर्भ)**
23.	हिंदवी स्वराज	स्वशासन, न्याय और प्रजा-हितैषी मराठा शासन।
24.	शेर-ए-पंजाब	महाराजा रणजीत सिंह (अभेद्य सिख साम्राज्य के निर्माता)।
25.	हॉकी का जादूगर	मेजर ध्यानचंद (पराधीन भारत में राष्ट्रीय गौरव का प्रतीक)।
26.	ब्रितानिया	ब्रिटिश शासन / औपनिवेशिक दासता का काल।
II	**स्वतंत्रता संग्राम**	**(1885 - 1966)**

क्रम	काव्य-नाम (प्रतीक)	प्रतिनिधित्व (ऐतिहासिक एवं साहित्यिक संदर्भ)
27.	विश्वासघात (जाफ़र)	मीर जाफ़र (प्लासी में ग़द्दारी और गुलामी की नींव)।
28.	नव-जागरण दीप	राजा राम मोहन राय (सामाजिक सुधारों के अग्रदूत)।
29.	विधवा जीवन-दान	ईश्वरचंद्र विद्यासागर (विधवा पुनर्विवाह के प्रणेता)।
30.	वेदों की ओर	स्वामी दयानंद सरस्वती (सांस्कृतिक पुनरुत्थान)।
31.	श्वेत कपोत	भारतीय राष्ट्रीय कांग्रेस (INC) - [प्रारंभिक दौर में शांति का प्रतीक]।

क्रम	काव्य-नाम (प्रतीक)	प्रतिनिधित्व (ऐतिहासिक एवं साहित्यिक संदर्भ)
32.	धन निकासी सिद्धांत	दादाभाई नौरोजी (ब्रितानी आर्थिक लूट का पर्दाफाश)।
33.	चापेकर आक्रोश	प्रथम क्रांतिकारी बलिदान (पुणे का रैंड हत्याकांड)।
34.	बंग-भंग	बंगाल विभाजन के विरोध में उपजा राष्ट्रवाद।
35.	ग़दर की आग	लाला हरदयाल और सोहन सिंह भकना (सशस्त्र क्रांति)।
36.	राष्ट्रपिता	महात्मा गांधी (सत्य, अहिंसा और जन-आंदोलन के नायक)।

क्रम	काव्य-नाम (प्रतीक)	प्रतिनिधित्व (ऐतिहासिक एवं साहित्यिक संदर्भ)
37.	काला कानून	रौलट एक्ट (बिना दलील, बिना वकील का कानून)।
38.	जलियांवाला	ब्रितानी क्रूरता और बेकसूरों के शहीदी खून का शोक।
39.	खिलाफत	हिंदू-मुस्लिम एकता का ऐतिहासिक कालखंड।
40.	स्वराज दल	मोतीलाल नेहरू और सी. आर. दास (संवैधानिक संघर्ष)।
41.	इंकलाब / आज़ाद भगत	शहीद भगत सिंह (युवा बलिदान और क्रांति के प्रतीक)।

क्रम	काव्य-नाम (प्रतीक)	प्रतिनिधित्व (ऐतिहासिक एवं साहित्यिक संदर्भ)
42.	हरिजन हित	दलित अधिकारों की सुरक्षा और गांधी-अम्बेडकर समझौता।
43.	दासता का अधिनियम	1935 का एक्ट (नेहरू के अनुसार गुलामी का चार्टर)।
44.	सिंह / आज़ाद फ़ौज	नेताजी सुभाष चंद्र बोस (सैन्य प्रतिरोध के प्रतीक)।
45.	करो या मरो	1942 का भारत छोड़ो आंदोलन।
46.	लोह-पुरुष	सरदार वल्लभभाई पटेल (रियासतों के एकीकरण के शिल्पकार)।

क्रम	काव्य-नाम (प्रतीक)	प्रतिनिधित्व (ऐतिहासिक एवं साहित्यिक संदर्भ)
47.	गुमनाम शिल्पकार	वी. पी. मेनन (एकीकरण में सरदार पटेल के मुख्य सहयोगी)।
48.	ऑपरेशन पोलो	हैदराबाद रियासत का भारतीय संघ में सैन्य विलय।
49.	अर्धचँद्री	पाकिस्तान (विभाजन के बाद अस्तित्व में आया राष्ट्र)।
50.	पीर वेर	जम्मू और कश्मीर (ऐतिहासिक भौगोलिक पहचान)।
51.	संविधान-शिल्पी	डॉ. बी. आर. अम्बेडकर (संविधान के मुख्य प्रारूपकार)।

क्रम	काव्य-नाम (प्रतीक)	प्रतिनिधित्व (ऐतिहासिक एवं साहित्यिक संदर्भ)
52.	न्याय-शीर्ष	उच्चतम न्यायालय (संविधान और नागरिक अधिकारों का रक्षक)।
53.	विधि-देवता	कानून का शासन और न्याय प्रणाली का प्रतीक।
54.	आधारभूत-ढाँचा	संविधान की मूल संरचना (केशवानंद भारती केस)।
55.	भाषाई राज्य	भाषा के आधार पर राज्यों का पुनर्गठन (फजल अली आयोग)।
56.	कलम-सेवक	मुंशी प्रेमचंद और यथार्थवादी साहित्यकार।

क्रम	काव्य-नाम (प्रतीक)	प्रतिनिधित्व (ऐतिहासिक एवं साहित्यिक संदर्भ)
57.	फ़िल्म-रथ	भारतीय सिनेमा (सामाजिक चेतना का सशक्त माध्यम)।
58.	शांतिदूत	जवाहरलाल नेहरू (प्रथम प्रधानमंत्री, गुट-निरपेक्षता के प्रणेता)।
59.	वित्तीय-सारथी	भारतीय रिज़र्व बैंक (RBI) - [मौद्रिक शक्ति का रक्षक]।
60.	आधुनिक मंदिर	नेहरू द्वारा बड़े बाँधों और उद्योगों को दिया गया नाम।
61.	गुरु का दर्शन	डॉ. सर्वपल्ली राधाकृष्णन (शिक्षा और भारतीय दर्शन के दूत)।

क्रम	काव्य-नाम (प्रतीक)	प्रतिनिधित्व (ऐतिहासिक एवं साहित्यिक संदर्भ)
62.	गरुड़ की मुक्ति	गोवा मुक्ति संग्राम (पुर्तगाली शासन का अंत)।
63.	ड्रैगन	चीन (1962 के युद्ध और सीमा विवाद का प्रतीक)।
64.	दृढ़ संकल्पी कपोत	लाल बहादुर शास्त्री (जय जवान, जय किसान के प्रणेता)।
65.	फ्लाइंग सिख	मिल्खा सिंह (विभाजन के बाद खेल जगत में भारत का गौरव)।
66.	द्रविड़-सूर्य	ई. वी. रामास्वामी 'पेरियार' (आत्म-सम्मान आंदोलन)।

क्रम	काव्य-नाम (प्रतीक)	प्रतिनिधित्व (ऐतिहासिक एवं साहित्यिक संदर्भ)
67.	काली भूमि	तमिलनाडु (क्षेत्रीय अस्मिता और भाषा आंदोलन का केंद्र)।
68.	चक्रवर्तिन का पतन	कांग्रेस के वर्चस्व का टूटना और क्षेत्रीय शक्तियों का उदय।
69.	17वां राज्य	पंजाब से अलग होकर बना हरियाणा।
III	**इंदिरा-अटल युग**	**(1971 - 2000)**
70.	आयरन लेडी	श्रीमती इंदिरा गांधी (सशक्त और निर्णायक नेतृत्व की प्रतीक)।

क्रम	काव्य-नाम (प्रतीक)	प्रतिनिधित्व (ऐतिहासिक एवं साहित्यिक संदर्भ)
71.	कपोती रानी	इंदिरा गांधी (कांग्रेस की सर्वोच्च नेत्री के रूप में)।
72.	सोनार बांग्ला	1971 के युद्ध के बाद बांग्लादेश का उदय।
73.	ईगल	संयुक्त राज्य अमेरिका (शीत युद्ध के संदर्भ में)।
74.	भालू	सोवियत संघ/रूस (भारत का संकटकालीन मित्र)।
75.	दुर्गा	इंदिरा गांधी (1971 की विजय के बाद अटल जी का संबोधन)।
76.	चिपको आंदोलन	सुंदरलाल बहुगुणा और गौरा देवी (पर्यावरण रक्षा का प्रतीक)।

क्रम	काव्य-नाम (प्रतीक)	प्रतिनिधित्व (ऐतिहासिक एवं साहित्यिक संदर्भ)
77.	मूलभूत ढांचा	संविधान की सर्वोच्चता का न्यायिक सिद्धांत।
78.	आंतरिक सुरक्षा	आपातकाल (1975-77) का दमनकारी दौर।
79.	लोक-नायक	जयप्रकाश नारायण (आपातकाल के विरुद्ध संपूर्ण क्रांति)।
80.	प्रथम कपोत पुत्र	संजय गांधी (आपातकाल के दौरान विवादास्पद सक्रियता)।
81.	लोकबंधु	राज नारायण (इंदिरा गांधी को अदालत में चुनौती देने वाले)।

क्रम	काव्य-नाम (प्रतीक)	प्रतिनिधित्व (ऐतिहासिक एवं साहित्यिक संदर्भ)
82.	बाघ	बीजेपी / दक्षिणपंथी विचारधारा का ऐतिहासिक उभार।
83.	कमल-पुष्प नेता	अटल बिहारी वाजपेयी (गठबंधन राजनीति के शिखर पुरुष)।
84.	जननायक	कर्पूरी ठाकुर (बिहार में सामाजिक न्याय के अग्रदूत)।
85.	बघेरा	ताऊ देवीलाल / चौटाला परिवार (हरियाणा की राजनीति)।
86.	तेलुगु हंस	एन. टी. रामा राव (आंध्र प्रदेश की क्षेत्रीय अस्मिता)।

क्रम	**काव्य-नाम (प्रतीक)**	**प्रतिनिधित्व (ऐतिहासिक एवं साहित्यिक संदर्भ)**
87.	बछड़े	लालू प्रसाद यादव (बिहार की मंडल राजनीति)।
88.	ब्लू स्टार	स्वर्ण मंदिर में सैन्य कार्रवाई और खालिस्तान संकट।
89.	द्वितीय कपोत पुत्र	राजीव गांधी (सूचना क्रांति और कंप्यूटर युग के प्रणेता)।
90.	सॉफ्टवेयर शक्ति	डिजिटल भारत और सूचना तकनीक का वैश्विक उदय।
91.	कपिल का बल	1983 क्रिकेट विश्व कप की ऐतिहासिक जीत।

क्रम	काव्य-नाम (प्रतीक)	प्रतिनिधित्व (ऐतिहासिक एवं साहित्यिक संदर्भ)
92.	मंडल मसीहा	वी. पी. सिंह (पिछड़ों को आरक्षण देने वाले)।
93.	बिग बुल	1992 का शेयर बाजार घोटाला (हर्षद मेहता दौर) ।
94.	नए चाणक्य	पी. वी. नरसिम्हा राव (आर्थिक सुधारों के राजनीतिक सूत्रधार)।
95.	मौनी बाबा	डॉ. मनमोहन सिंह (उदारीकरण के आर्थिक शिल्पकार)।
96.	एलपीजी (LPG)	उदारीकरण, निजीकरण और वैश्वीकरण की नीति।

क्रम	काव्य-नाम (प्रतीक)	प्रतिनिधित्व (ऐतिहासिक एवं साहित्यिक संदर्भ)
97.	विवादित ढाँचा	अयोध्या की 6 दिसंबर 1992 की घटना।
98.	मेधा का सवाल	मेधा पाटकर (नर्मदा बचाओ आंदोलन और विस्थापन)।
99.	निर्वाचन प्रहरी	टी. एन. शेषन (चुनाव आयोग को सशक्त बनाने वाले)।
100.	तुरंग	नीतीश कुमार (बिहार की राजनीति में विकास का चेहरा)।
101.	समाजवादी हंस	मुलायम सिंह यादव (उत्तर प्रदेश की राजनीति के स्तंभ)।

क्रम	काव्य-नाम (प्रतीक)	प्रतिनिधित्व (ऐतिहासिक एवं साहित्यिक संदर्भ)
102.	स्थानीय स्वशासन	पंचायती राज (73वां-74वां संविधान संशोधन)।
103.	लिएंडर का जादू	1996 ओलंपिक में टेनिस का ऐतिहासिक पदक।
104.	परमाणु दम	पोखरण-2 (भारत का पूर्ण परमाणु शक्ति संपन्न राष्ट्र बनना)।
105.	दीदी	ममता बनर्जी (तृणमूल कांग्रेस और बंगाल की शक्ति)।
106.	मत्स्य / कलिंग-पुत्र	नवीन पटनायक (ओडिशा का सफल नेतृत्व)।
107.	ऑपरेशन विजय	1999 करगिल युद्ध में भारतीय सेना की जीत।

क्रम	काव्य-नाम (प्रतीक)	प्रतिनिधित्व (ऐतिहासिक एवं साहित्यिक संदर्भ)
108.	कंधार घाव	विमान अपहरण (IC-814) की दुखद घटना।
IV	**गठबंधन और गतिरोध**	**(2000 - 2014)**
109.	नए प्रांत	छत्तीसगढ़, झारखंड और उत्तराखंड का गठन (2000)।
110.	स्वर्णिम पथ	स्वर्णिम चतुर्भुज राजमार्ग परियोजना (अटल जी का स्वप्न)।
111.	ऑपरेशन पराक्रम	संसद हमले के बाद पाकिस्तान सीमा पर सेना की तैनाती।

क्रम	काव्य-नाम (प्रतीक)	प्रतिनिधित्व (ऐतिहासिक एवं साहित्यिक संदर्भ)
112.	राजधर्म	शासन की नैतिकता (गुजरात दंगों के समय अटल जी का मंत्र)।
113.	छोटी रानी	सोनिया गांधी (यूपीए सरकार की मुख्य मार्गदर्शक)।
114.	मौन कपोत	प्रधानमंत्री डॉ. मनमोहन सिंह (2004-2014 का दौर)।
115.	सूचना का अधिकार	RTI कानून - [पारदर्शिता का हथियार] ।
116.	नरेगा (NREGA)	ग्रामीण रोजगार सुरक्षा हेतु ऐतिहासिक योजना।

क्रम	काव्य-नाम (प्रतीक)	प्रतिनिधित्व (ऐतिहासिक एवं साहित्यिक संदर्भ)
117.	शतरंज सिंहासन	विश्वनाथन आनंद (विश्व चैंपियन और बौद्धिक गौरव)।
118.	अणु संधि	भारत-अमेरिका असैनिक परमाणु समझौता।
119.	शेरनी	सुषमा स्वराज (सदन में प्रखर राष्ट्रवादी वाणी)।
120.	छब्बीस-ग्यारह	26/11 मुंबई आतंकी हमला।
121.	अंतरिक्ष गौरव	इसरो (ISRO) - चंद्रयान और मंगलयान की सफलता।

क्रम	काव्य-नाम (प्रतीक)	प्रतिनिधित्व (ऐतिहासिक एवं साहित्यिक संदर्भ)
122.	स्वर्ण-लक्ष्य	अभिनव बिंद्रा (ओलंपिक में पहला व्यक्तिगत गोल्ड)।
123.	तृतीय श्वेत कपोत	राहुल गांधी (कांग्रेस की नई पीढ़ी का नेतृत्व)।
124.	अध्यादेश फाड़ना	अपनी सरकार के फैसले का राहुल गांधी द्वारा सार्वजनिक विरोध।
125.	विद्रोही बगुले	अरविंद केजरीवाल और आम आदमी पार्टी।
126.	नीलकंठ	के. चंद्रशेखर राव (तेलंगाना आंदोलन के नायक)।

क्रम	काव्य-नाम (प्रतीक)	प्रतिनिधित्व (ऐतिहासिक एवं साहित्यिक संदर्भ)
127.	नारी शक्ति	मैरी कॉम, सिंधु, साक्षी (ओलंपिक पदक विजेता)।
128.	पितृसत्ता का अंत	समाज और खेलों में महिलाओं की बढ़ती बराबरी।
129.	व्यापम दाग	भर्ती परीक्षाओं में भ्रष्टाचार का प्रतीक।
130.	केदार प्रलय	2013 की उत्तराखंड प्राकृतिक त्रासदी।
V	**महाबाघ का उदय**	**(2014 - 2025)**
131.	महाबाघ	नरेंद्र मोदी (2014 से सशक्त केसरिया युग के प्रतीक)।

क्रम	काव्य-नाम (प्रतीक)	प्रतिनिधित्व (ऐतिहासिक एवं साहित्यिक संदर्भ)
132.	डिजिटल यज्ञ	यूपीआई (UPI) और तकनीक द्वारा भ्रष्टाचार पर प्रहार।
133.	डेटा-सुरक्षा	डिजिटल युग में गोपनीयता और सूचनाओं की सुरक्षा।
134.	मेक इन इंडिया	आत्मनिर्भर आर्यावर्त और स्वदेशी निर्माण का संकल्प।
135.	जुमला	चुनावी वादों पर विपक्ष द्वारा किया गया कटाक्ष।
136.	नोटबंदी	काले धन के विरुद्ध 8 नवंबर 2016 का साहसिक निर्णय।

क्रम	काव्य-नाम (प्रतीक)	प्रतिनिधित्व (ऐतिहासिक एवं साहित्यिक संदर्भ)
137.	सर्जिकल स्ट्राइक	उरी/पुलवामा के बाद आतंकियों पर सीमा पार प्रहार।
138.	जीएसटी (GST)	'एक देश एक कर' - [बड़ा आर्थिक कर सुधार] ।
139.	आयुष्मान	गरीबों हेतु विश्व की सबसे बड़ी स्वास्थ्य सुरक्षा योजना।
140.	सौर गठबंधन	पर्यावरण हेतु भारत का वैश्विक नेतृत्व।
141.	विकास-राक्षस	अनियंत्रित शहरीकरण से प्रकृति को होने वाली क्षति।

क्रम	काव्य-नाम (प्रतीक)	प्रतिनिधित्व (ऐतिहासिक एवं साहित्यिक संदर्भ)
142.	वित्तीय-न्याय	आय की असमानता को पाटने का आर्थिक-नैतिक संघर्ष।
143.	चौकीदार चोर	राफेल सौदे के संदर्भ में विपक्ष का विवादित नारा।
144.	370 का अंत	जम्मू-कश्मीर का विशेष दर्जा हटाना और पूर्ण विलय।
145.	बुआ-भतीजे	उत्तर प्रदेश में SP और BSP का संक्षिप्त गठबंधन।
146.	मजलिस	ध्रुवीकरण की राजनीति का प्रतीक (AIMIM)।

क्रम	काव्य-नाम (प्रतीक)	प्रतिनिधित्व (ऐतिहासिक एवं साहित्यिक संदर्भ)
147.	इंडिया गठबंधन	महाबाघ के विरुद्ध एकजुट विपक्षी महा-गठबंधन।
148.	शाहीन बाग	नागरिकता कानून (CAA) के विरोध में आंदोलन।
149.	गलवान योद्धा	चीन (ड्रैगन) के विरुद्ध भारतीय जवानों का शौर्य।
150.	वैक्सीन उपहार	कोरोना काल में भारत द्वारा दुनिया को सुरक्षा देना।
151.	अग्निपथ	सेना में भर्ती की नई योजना और युवा विमर्श।
152.	मोहब्बत की दुकान	राहुल गांधी की 'भारत जोड़ो यात्रा' का संदेश।

क्रम	काव्य-नाम (प्रतीक)	प्रतिनिधित्व (ऐतिहासिक एवं साहित्यिक संदर्भ)
153.	राम मंदिर	अयोध्या में 500 वर्षों बाद राम लला की प्राण-प्रतिष्ठा।
154.	दक्षिणी ध्रुव	चंद्रयान-3 की ऐतिहासिक सफलता (विक्रम-प्रज्ञान)।
155.	मणिपुर संताप	पूर्वोत्तर में जातीय हिंसा और मानवीय विस्थापन।
156.	मंगलसूत्र राजनीति	2024 चुनावों में अधिकारों और संपत्ति पर तीखा विमर्श।
157.	अमृत काल	2047 तक भारत को विकसित बनाने का संकल्प।

क्रम	काव्य-नाम (प्रतीक)	प्रतिनिधित्व (ऐतिहासिक एवं साहित्यिक संदर्भ)
158.	नीरज का भाला	एथलेटिक्स में भारत का पहला व्यक्तिगत गोल्ड पदक।
159.	अदम्य साहस	पैरालिंपिक खिलाड़ियों द्वारा देश का मान बढ़ाना।
160.	मिसाइल मैन	डॉ. ए. पी. जे. अब्दुल कलाम (विज्ञान के सर्वोच्च प्रतीक)।
161.	स्वर कोकिला	लता मंगेशकर (भारतीय संगीत की अमर आवाज़)।
162.	यूपीआई (UPI)	डिजिटल भुगतान में भारत की वैश्विक बादशाहत।
163.	ऑपरेशन सिंदूर	ड्रोन तकनीक से सीमा पार घुसपैठ पर प्रहार।

क्रम	**काव्य-नाम (प्रतीक)**	**प्रतिनिधित्व (ऐतिहासिक एवं साहित्यिक संदर्भ)**
VI	**राज्यों की महिमा**	**(उपसंहारः राष्ट्र रथ की यात्रा)**
164.	विराट साम्राज्य	उत्तर प्रदेश (राजनीति और संस्कृति का मुख्य केंद्र)।
165.	मगध का संबल	बिहार (ज्ञान, जागृति और लोकतंत्र की जननी)।
166.	हुगली का सेतु	पश्चिम बंगाल (सांस्कृतिक चेतना और जागरण)।
167.	द्रविड़ सिंह	तमिलनाडु (दक्षिण की शक्ति और सनातन कला)।

क्रम	काव्य-नाम (प्रतीक)	प्रतिनिधित्व (ऐतिहासिक एवं साहित्यिक संदर्भ)
168.	सिलिकॉन शिखर	कर्नाटक (तकनीक, शिल्प और आधुनिकता का संगम)।
169.	थार का रणबाँकुरा	राजस्थान (साहस, मेवाड़ का इतिहास और मरुभूमि)।
170.	भारत का हृदय-स्थल	मध्य प्रदेश (विंध्य, नर्मदा और वन-संपदा)।
171.	कलिंग का चक्र	ओडिशा (कोणार्क का तेज और खनिज संपदा)।
172.	अरब का स्वर्ग	केरल (साक्षरता, मसाले और शिक्षा में अग्रणी)।
173.	अहोम का कवच	असम (ब्रह्मपुत्र की घाटी और अजेय इतिहास)।

क्रम	काव्य-नाम (प्रतीक)	प्रतिनिधित्व (ऐतिहासिक एवं साहित्यिक संदर्भ)
174.	पंजाब की धरा	शौर्य, कृषि और गुरुओं के प्रकाश की भूमि।
175.	कुरुक्षेत्र भूमि	हरियाणा (वीरता, खेलों में अग्रणी और गीता का ज्ञान)।
176.	देवभूमि शिखर	उत्तराखंड (गंगा का वास, चार धाम और हिमालय)।
177.	हिमगिरि का ताज	हिमाचल प्रदेश (देवताओं की भूमि और प्राकृतिक सौंदर्य)।
178.	धान का कटोरा	छत्तीसगढ़ (आदिवासी संस्कृति और खनिज संपदा)।

क्रम	काव्य-नाम (प्रतीक)	प्रतिनिधित्व (ऐतिहासिक एवं साहित्यिक संदर्भ)
179.	खनिज-वन राज्य	झारखंड (जनजातीय गौरव और प्राकृतिक वैभव)।
180.	गहनों की भूमि	मणिपुर (संगीत, झील और मणिपुरी नृत्य की धारा)।
181.	बादलों का घर	मेघालय (खासी परंपरा और चेरापूंजी का गौरव)।
182.	तिप्रा का द्वार	त्रिपुरा (उज्जयंता महल और हस्तशिल्प की कला)।
183.	योद्धाओं की भूमि	नागालैंड (हॉर्नबिल पर्व और नागा वीरता)।
184.	हिमालय का हृदय	सिक्किम (कंचनजंगा और जैविक खेती का आदर्श)।

क्रम	काव्य-नाम (प्रतीक)	प्रतिनिधित्व (ऐतिहासिक एवं साहित्यिक संदर्भ)
185.	पुर्तगाल का तट	गोवा (पर्यटन, मनोरंजन और मंडोवी का जल)।
186.	धरती का स्वर्ग	जम्मू और कश्मीर (अमरनाथ, वैष्णोदेवी और केसर)।
VII	**प्रस्तावित संकेत**	**(काव्य भाव एवं निष्कर्ष)**
187.	नभ-सारथी	अंतरिक्ष और विमानन शक्ति (इसरो और वायुसेना)।
188.	अर्थ-गरुड़	भारत की आर्थिक शक्ति और व्यापारिक विस्तार।

क्रम	काव्य-नाम (प्रतीक)	प्रतिनिधित्व (ऐतिहासिक एवं साहित्यिक संदर्भ)
189.	जागरण-क्रांति	बौद्धिक चेतना और सांस्कृतिक पुनरुत्थान का प्रतीक।
190.	नियोजित-चेतना	चंडीगढ़ और आधुनिक शहरी नियोजन का अनुशासन।
191.	जैविक-आदर्श	पर्यावरण-अनुकूल और शुद्ध जीवनशैली का प्रतीक।
192.	जीवित-सेतु	प्रकृति और मानव के अटूट संबंध का प्रतीक (मेघालय)।
193.	शून्य का दिव्य नाम	लद्दाख की ऊँचाई, अध्यात्म और अलौकिकता।

क्रम	काव्य-नाम (प्रतीक)	प्रतिनिधित्व (ऐतिहासिक एवं साहित्यिक संदर्भ)
194.	गठबंधन-रथ	वर्तमान बहु-दलीय राजनीति और सत्ता संतुलन।
195.	खुला-हाथ	भारत की उदारता और वसुधैव कुटुंबकम् की नीति।
196.	पुष्प-कड़ी	पूर्वोत्तर के राज्यों की सांस्कृतिक सुंदरता।
197.	लोकतंत्र-दीप	संविधान और चुनाव की वह ज्योति जो कभी नहीं बुझती।
198.	अनंत-यात्रा	राष्ट्र रथ का निष्कर्ष—जो आदिकाल से जारी है।

परिशिष्ट II: अध्ययन और विमर्श के आधार-स्तंभ (Pillars of Research and Discourse)

यह खंड उन प्रमुख ऐतिहासिक, राजनीतिक और सामाजिक विमर्शों एवं स्रोतों को सूचीबद्ध करता है, जिन्होंने इस महाकाव्य के विश्लेषण, कथा और प्रतीकात्मक चित्रण के लिए वैचारिक आधार प्रदान किया है।

ऐतिहासिक एवं राजनीतिक विश्लेषण (Historical and Political Analysis)

1. **अग्रवाल, राम गोपाल।** (वर्ष)। *भारतीय स्वतंत्रता संग्राम: एक पुनरावलोकन।* (ऐतिहासिक घटनाक्रम के लिए)।

2. **गांधी, राजमोहन।** (वर्ष)। *पटेल: एक जीवन।* (रियासतों के एकीकरण और स्वतंत्रता पूर्व राजनीति के संदर्भ में)।

3. **जसवंत सिंह।** (वर्ष)। *जिन्ना: भारत, विभाजन, स्वतंत्रता।* (विभाजन और राष्ट्र निर्माण के शुरुआती दौर के संदर्भ में)।

4. **ठाकुर, शक्ति।** (वर्ष)। *बीसवीं सदी का भारतीय लोकतंत्र: संकट और सुधार।* (आपातकाल, गठबंधन युग और आर्थिक उदारीकरण के संदर्भ में)।

5. **मनमोहन सिंह, डॉ.** (वर्ष)। *चेंजिंग इंडिया।* (आर्थिक सुधार और 2004-2014 के काल खंड के संदर्भ में) ।

6. **वाजपेयी, अटल बिहारी।** (वर्ष)। *राजनीति की रपटीली राहें।* (गठबंधन राजनीति और करगिल संघर्ष के संदर्भ में)।

7. **मोदी, नरेंद्र।** (वर्ष)। *ज्योतिपुंज।* (वैचारिक पृष्ठभूमि और समकालीन नीतियों के संदर्भ में)।

8. **कट्टू, सुनील, और टी. आर. रामचंद्रन।** (वर्ष)। *नरेंद्र मोदी: एक राजनेता की कहानी।* (2001 गुजरात और 2014 के बाद के घटनाक्रमों के संदर्भ में)।

9. **मेनन, वी. पी.** (वर्ष)। *द स्टोरी ऑफ द इंटीग्रेशन ऑफ द इंडियन स्टेट्स।* (भारतीय संघ के निर्माण के संदर्भ में) ।

II. संवैधानिक एवं सरकारी अभिलेख (Constitutional and Government Records)

1. **भारत का संविधान (The Constitution of India)।** (अनुच्छेद 370 और लोकतांत्रिक संरचना के संदर्भ में)।

2. **राजभाषा विभाग, भारत सरकार।** (हिन्दी भाषा के विकास और प्रशासनिक प्रयोग के संदर्भ में)।

3. **भारत सरकार के आर्थिक सर्वेक्षण (Economic Surveys of India)।** (आर्थिक उदारीकरण और विकास दर के विश्लेषण हेतु)।

4. **निर्वाचन आयोग के आधिकारिक आँकड़े (Official Data of Election Commission of India)।** (विभिन्न चुनावों और राजनीतिक दलों के प्रदर्शन के संदर्भ में)।

III. समसामयिक घटनाक्रम एवं मीडिया संदर्भ (Contemporary Events and Media References)

1. **दूरदर्शन और ऑल इंडिया रेडियो अभिलेखागार।** (राष्ट्रीय प्रसारणों और प्रमुख घोषणाओं के संदर्भ में)।

2. **प्रमुख राष्ट्रीय समाचार पत्रों के अभिलेखागार (Archives of Major National Newspapers)।** (जैसे *द हिन्दू, इंडियन एक्सप्रेस, नवभारत टाइम्स, दैनिक जागरण*) – (2000 के बाद की प्रमुख घटनाओं, जैसे गोधरा, नोटबंदी, बालाकोट, चंद्रयान-3 के संदर्भ में)।

3. **सामयिक पत्रिकाएँ (Periodicals)।** (*इंडिया टुडे, आउटलुक* आदि।) – (विभिन्न राजनीतिक शख्सियतों के मूल्यांकन और चुनावी विश्लेषण हेतु)।

4. **अंतर्राष्ट्रीय संबंधों पर आधिकारिक बयान (Official Statements on International Relations)।** (जैसे शर्म-अल-शेख, असैनिक अणु संधि, गलवान संघर्ष के संदर्भ में)।

IV. साहित्यिक एवं सांस्कृतिक स्रोत (Literary and Cultural Sources)

1. **रागनी और लोक साहित्य परंपरा के मौखिक अभिलेख।** (हरियाणवी और अन्य क्षेत्रीय साहित्य के माध्यम से सांस्कृतिक चेतना के संदर्भ में)।
2. **प्रमुख भारतीय कवियों और लेखकों की कृतियाँ।** (काव्य की भाषा और शैलीगत प्रेरणा के संदर्भ में)।

महाकाव्य का आह्वान: एक बहु-आयामी मार्गदर्शिका

(The Epic's Call: A Multi-Dimensional Guide)

यह महाकाव्य, जिसे आपने 'मार्जरिका' के मुख से सुना है, केवल राजनीतिक इतिहास का छंद बद्ध संकलन नहीं है। यह भारत की चेतना, उसके विरोधाभासों और उसके अटल संकल्प को समझने का एक अद्वितीय **'रूपक-कोष'** है। यह कृति हर उस भारतीय के लिए अनिवार्य है जो राष्ट्र के 'रथ' का मर्म समझना चाहता है।

विभिन्न क्षेत्रों के पाठकों के लिए इसकी उपयोगिता:

1. प्रतियोगी परीक्षाओं के अभ्यर्थी (GK एवं करंट अफेयर्स)

- **उपयोगिता:** यह महाकाव्य इतिहास के जटिल तथ्यों और समकालीन घटनाओं को संक्षिप्त (Concise) और संदर्भ-युक्त रूप में प्रस्तुत करता है। राज्यों के सांकेतिक नाम (जैसे—धरती का स्वर्ग, सिटी ब्यूटीफुल), महत्त्वपूर्ण संस्थाओं के प्रतीक (जैसे—संविधान-शिल्पी, अर्थ-गरुड़) और काल खंडों का सटीक विभाजन इसे सामान्य ज्ञान के लिए एक शानदार **काव्यमय रेफरेंस बुक** बनाता है। छात्र इसके माध्यम से कठिन तथ्यों को लंबे समय तक विस्मृत नहीं होने देंगे।

2. कवि, साहित्य प्रेमी और भाषाविद

- **उपयोगिता:** कवियों के लिए यह कृति '**प्रतीकवाद**' **(Symbolism)** का आधुनिक व्याकरण है। यहाँ संस्कृतनिष्ठ शब्दावली (जैसे—अथ मार्जरिका उवाच) का समकालीन राजनीतिक विमर्श के साथ सहज संगम है। यह नए सृजनकारों को रूपक (Metaphor) और महाकाव्यीय संरचना में नवीन प्रयोग करने की प्रेरणा और तकनीकी मार्गदर्शन प्रदान करता है।

3. राजनीतिज्ञ एवं नीति-निर्माता

- **उपयोगिता:** यह महाकाव्य राजनीति की दीर्घकालिक प्रकृति और उसके 'सत्ता-चक्रों' पर प्रकाश डालता है। 'श्वेत कपोत', 'बाघ' और 'महाबाघ' के युगों का विश्लेषण नेतृत्व की बदलती प्राथमिकताओं को समझने में मदद करता है। यह नीति-निर्माताओं को ऐतिहासिक विरासतों और लोकतांत्रिक अस्थिरता के बीच स्थायी समाधान खोजने हेतु चिंतन का अवसर देता है।

4. इतिहास एवं राजनीति विज्ञान के शोधार्थी

- **उपयोगिता:** यह महाकाव्य ऐतिहासिक कालक्रम को भावनात्मक संदर्भ और **198 प्रतीकों** के साथ जोड़ता है। आर्यावर्त की नींव से लेकर आधुनिक सूचना क्रांति तक का यह अखंड प्रवाह जटिल अवधारणाओं को शीघ्रता से पहचानने में सक्षम बनाता है। पुस्तक का 'प्रतीक-कोष' (Glossary) एक अकादमिक टूल की तरह कार्य करता है, जो विषय की गहरी और विश्लेषणात्मक समझ विकसित करता है।

5. प्रशासनिक (IAS) एवं रक्षा सेवाओं के आकांक्षी (Aspirants)

- **उपयोगिता:** यह कृति उन्हें आंतरिक सुरक्षा, आर्थिक संप्रभुता और सामाजिक-सांस्कृतिक विविधता को एक **'एकीकृत राष्ट्रीय परिदृश्य'** (Integrated National Perspective) में देखने का दृष्टिकोण प्रदान करती है। राज्यों की भू-राजनीतिक (Geopolitical) और प्रशासनिक विशेषताओं का प्रतीकात्मक ज्ञान उन्हें 'नेशन-बिल्डिंग' के आयामों को समझने में सहायता करता है।

निष्कर्ष

यह महाकाव्य एक दर्पण है, जिसमें हर पाठक अपनी रुचि और आवश्यकता के अनुसार, **'राष्ट्र-रथ'** की यात्रा में अपनी भूमिका देख सकता है। यह केवल एक पुस्तक नहीं, बल्कि भारत के गौरव का एक **सांस्कृतिक आह्वान** है।

लेखक परिचय: आनन्द कुमार आशोधिया

(कवि, साहित्यिक विश्लेषक, अनुवादक एवं राष्ट्रीय चेतना के संवाहक)

आनन्द कुमार आशोधिया—जिन्हें साहित्यिक जगत में '**आनन्द शाहपुर**' के नाम से जाना जाता है—अनुशासित सेवा, भाषाई निपुणता और गहरी सांस्कृतिक जड़ों के एक अद्वितीय संगम हैं। उनकी लेखनी में भारतीय इतिहास की गहरी समझ, छंदों का अनुशासन और लोक-संस्कृति की जीवंतता का त्रिवेणी संगम स्पष्ट रूप से झलकता है।

सैनिक सेवा और साहित्यिक आधार

- **राष्ट्र सेवा एवं सम्मान:** भारतीय वायु सेना के पूर्व वारंट ऑफिसर के रूप में, उन्होंने 32 वर्षों तक देश की गौरवशाली सेवा की। इस दौरान, राजभाषा हिन्दी के प्रचार-प्रसार में उनके अनुकरणीय योगदान के लिए उन्हें लगातार आठ वर्षों तक '**राजभाषा प्रोत्साहन सम्मान**' से अलंकृत किया गया।

- **भाषाई सेतु:** अन्नामलाई विश्वविद्यालय से अंग्रेजी साहित्य में स्नातकोत्तर (M.A.) उपाधि प्राप्त आनन्द जी हिंदी, हरियाणवी और अंग्रेजी के बीच एक सांस्कृतिक सेतु का कार्य करते हैं।
- **सांस्कृतिक जड़ें:** हरियाणा के सोनीपत स्थित अपने पैतृक गाँव **'शाहपुर तुर्क'** की मिट्टी से उनका गहरा जुड़ाव है। उनका साहित्यिक नाम 'आनन्द शाहपुर' उस लोक-विरासत के प्रति उनकी कृतज्ञता का प्रतीक है।

बहुमुखी प्रतिभा और सृजन संसार

1 अप्रैल को जन्में और वर्तमान में मुंबई में निवासरत आनन्द जी की लेखनी बहुआयामी है। 380 से अधिक रचनाओं के माध्यम से उन्होंने दोहा, छंद, गीत, ग़ज़ल और लघुकथा जैसी विधाओं को समृद्ध किया है। विशेष रूप से, 'पिंगल' (छंद शास्त्र) और लोक-काव्य (रागनी) पर उनकी महारत उन्हें समकालीन कवियों में एक विशिष्ट स्थान दिलाती है।

प्रमुख साहित्यिक कृतियाँ (Selected Works)

- **महाकाव्य एवं पुनर्पाठ:** *अथ मार्जारिका उवाच* (भारतीय इतिहास का प्रतीकात्मक महाकाव्य), *द्रौपदी: एक लोक चेतना*।
- **लोक काव्य:** *अधराजण* (लोक महाकाव्य), *अविकावनी* (हरियाणवी रागनी संग्रह)।
- **आधुनिक काव्य:** *थारा मुद्दा थारी बात, प्रेम के सौ रंग*।
- **शास्त्रीय समीक्षा:** *किस्सा भगत पूरणमल* एवं *हीर राँझा* (पिंगल समीक्षा सहित)।
- **अनुवाद (Trans-creation):** *Saket: An English Trans-creation, Niswarthi Udyoga Parva,*

Kahaan Kahaan Paiband Lagau (अंग्रेजी अनुवाद)।

सम्मान एवं पुरस्कार

साहित्य और संस्कृति के प्रति उनके समर्पण के फलस्वरूप उन्हें **'हरियाणा संस्कृति गौरव रत्न अवॉर्ड'**, **'कारगिल गौरव विजय सम्मान'**, और **'हरियाणवी साहित्य रत्न (2025)'** जैसे प्रतिष्ठित सम्मानों से नवाजा गया है। वे भारतीय क्षेत्रीय और शास्त्रीय साहित्य को वैश्विक धरातल पर स्थापित करने के लिए निरंतर संकल्पित हैं।